# 古代中国闲情琐记

伊永文 著

中国工人出版社

# 目录

沐浴

# 娱人技巧

技巧则惊人耳目，侈奢则长人精神。

——宋·孟元老《东京梦华录·序》

# 绝 技

以往的文化研究，往往对那些构成我们社会生活基础的劳动技能缺乏足够的关注，这不能不说是一个缺陷。中国劳动者的技能有的堪称“绝技”，远的暂且不提，仅近代北京“棚匠”的技能就很值得我们好好加以研究。

沈义羚、金易《宫女谈往录》记载：每年五月初，慈禧太后去颐和园避暑，内廷让棚匠给她起居办公的大殿搭个“天棚”，罩将起来。其要求是：必须严丝合缝，不许有一点儿空隙往里飞蚊子钻蠓虫。其梁栋凹凸处，皆随形曲折，平直处如一线，无少参差。结果是搭成起脊的天棚，飞檐鸱尾，富丽堂皇，连长年住在宫中伺候慈禧的老太监都说：这搭得跟正式宫殿一样！四面还有通风进阳光的窗子，窗子根据晨昏风雨的不同，可随意开合，但一星水点儿也进不来。不管刮旋风还是下暴雨，“天棚”安然不动。

据史料载：民国三年三月的一天下午，北京城刮起狂风，崇文门外上三条一家门口搭的一个招待亲友的坐落棚，竟被整个刮了起来，放了“风筝”。由此可见，棚匠搭的棚子，柱子一律浮立，并不挖坑动土埋，架子用绳子扎绑，而不用一根钉子和铁页、铁丝固定，全凭四边的撑劲和拉力。所以，遇上大风，棚能被风刮到天空，搬出好远，整体地落在远方，结构却纹丝不动。这就是史学家和老百姓常评说的“北京的棚匠出奇地巧，巧到通神的地步”。

在旧北京，棚匠是专门以精绝手艺讨生活的，可也必须力壮机灵，他们自称既当“走兽”（在地上干扛大杉篙等力气活），又当“飞禽”（指在高空作业）。从棚匠工作程序看，他们当“飞禽”的时候多。《北京往事谈》中的文章介绍说：棚匠在皇室干活，是奉旨不回避大内亲贵的，而慈禧最爱看棚匠搭席棚。一天，棚匠们正在架子高处干得起劲，慈禧在底下看得出神，忽然失声道：“这哪儿是棚匠，这不是钻天猴儿吗？”棚匠们在高处听得很真切，先是一怔，继而不由得一齐嚷道：“谢主赏封。”原来，棚匠们机智地将“侯”代“猴”，领了西太后的赏封。此后，北京棚匠有了“钻天侯”的绰号。

这可能不乏传奇色彩，但棚匠高空作业的本事可不是虚构的。验之历史，在慈禧当政时期棚匠的技艺确实达到了登峰造极的状态。以震钧《天咫偶闻》记述为例：

《点石斋画报·跑竿贾祸》

光绪二十年重修鼓楼，其架自地至楼脊，高三十丈，宽十余丈。层层度木，凡数十层，层百许根。高可入云，数丈之材，渺如钗股。自下望之，目眩竟不知其何从结构也。

这种高空技艺可以说很不一般，几近“神”之水平。

所以，在旧北京举行“走会”游戏时，扮狮子者往往由棚匠担任，因为只有他们才能在高处应付自如，就像《百本张钞本》唱“耍狮子”那样：“遇见了天棚爬杪高，窜房越脊一丈多高。”由于棚匠具备这种善于在高空作业的特殊技能，许多人又将他们当成技艺人看。在近代北京凡新开店铺之时，商贾就雇棚匠专搭一彩棚，让其在搭好的朝天柱子间所横的一竿上来往穿行，以招揽顾客。棚匠作这样的表演当然十分轻松，只见他们如绳技走索，在竿上如履平地，往来穿梭，故又名曰“跑竿”……

攀单杠

这样的由劳动者所创造的“绝技”绝非棚匠一种，而是像无数大珠小珠一样，闪耀着夺目的光芒，发出悦耳的声响。像明代宋懋澄《九籥集》所记的“垒七桌”，即一人身一转，便垒一桌于堂中，不失尺寸，凡六转，桌垒如浮屠，第七桌，设五毂五核及醯盐若干器于上，又一转而第七桌已居最上矣，须臾，忽翼之而下，毂核整设如初。另一则是租赁艅艎（古时一种木船）上跳木板，长二丈余，阔二尺，厚五六寸，一人用齿支之，使小儿立其上，歌舞一阕……

这种使力使巧的“绝技”确实罕见。清代的“绝技”则似乎朝更偏于“巧”的方向发展，如吸、吐烟表演者，在纪晓岚《阅微草堂笔记》、清末《点石斋画报》中都有记载，如李斗《扬州画舫录》所反映：有一卖水烟的匡子，常驾艇游湖上，他吸十数口水烟不吐，慢慢地像线一样渐引渐出，盘旋天空，再茸茸如髻，色转绿，微如远山，风来势变，隐隐约约像神仙，

《点石斋画报·游戏三昧》

像鸡，像犬，须眉衣服，皮革羽毛，无不毕现，过了一会儿，色变深黑，犹似山雨欲来……

《古今笔记精华录》也记述了一位类似这样的能吐出山水楼阁、人物花木禽兽的烟技者，被一官僚推荐到另一官僚家，专充吐烟表演之职。其表演过程，我们从破额山人《夜航船》中可窥其详：

> 吃烟者，于青布袋中，取出烟筒，头状类熨斗，大小如之，又取出梗子，状类扛棒，长短如之，以头套梗，索高黄烟四五斤，装实头内，燃火狂呼，急请垂帘墐户，客皆从对照，隔帘观之，见云气滃然，奇态层出，楼台城郭，人物桥梁，隐然蓬莱海市也。琪花瑶草，异鸟珍禽，宛然蕊珠阆苑也。鱼龙鲛鳄，喷涛噀露，恍然重洋绝岛也。俄而炮焰怒发，千军万马，破阵而止，玉山银海，颠倒迷离……

《点石斋画报·鸽戏》

这种用烟作戏的“绝技”，是脱离不了时代的，“烟戏绝技”的普遍表演是和清代人民吸食烟草的普遍有直接关系的，它蔓延很迅速。另一类较之更为普遍的“绝技”，则经历了漫长的时光而仍有余韵，这就是“弄虫蚁”。

古代的飞禽走兽，昆虫鳞介，统称为“虫蚁”。所谓“弄”者，乃是寓调教、娱情之意，“弄虫蚁”即养驯动物之术。

古代中国的虫蚁千种万样，小到蚂蚁，大到虎豹，许多看上去简直不能调教的动物，却完全可以调教得悉如人意。如田艺蘅《留青日札》所言：

鸟有蜡嘴画眉之戏，兽有猢狲狗马之戏，虫有蝼蚁、蛤蟆、乌龟之戏，唐代还有合乎节奏的刺猬对打之戏，从筒里爬出分为两队、变阵合战的蝇虎之戏……



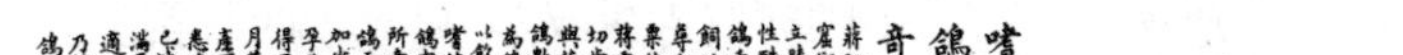


《吴友如画宝·嗜鸽奇报》

《点石斋画报·鼠子演戏》

综而观之，古代中国的“弄虫蚁”，可分为四种类型。

一种是为王公显贵遣情享乐的“弄虫蚁”。

早在周代，《周礼·夏官》上就有“服不氏”等职，专“掌养鸟而阜蕃教扰之”，“掌养猛兽而教扰之”。郑玄对“教扰”是这样解释的：扰，驯也，教习使之驯服。这十分清楚地表述出“弄虫蚁”自周代始，首先在王公显贵阶层中发展起来。

很快，春秋战国的卫懿公养驯的仙鹤，甚至可以进退有节，听音乐而舞蹈。秦汉宫廷流行“黄公故事”，“黄公”是一位以上演驯服老虎的惊险节目而闻名的艺人。《西京杂记》叙说鲁恭王“好斗鸡、鸭及鹅雁，养孔雀、鵁鶄，俸谷一年费二千石”。这都从侧面证明了自秦汉以来，“弄虫蚁”已有相当的规模。



为王公显贵服务的“弄虫蚁”，还经常在庆典活动中出演。汉代李尤

《平乐观赋》中就有“驰骋百马，有仙驾雀，狐兔惊走，禽鹿六驳，白象朱首”等壮观场面。所以，历代政府都很重视。清代宫廷中，为欢迎西方人而举行的宴会上，就用经过训练的老鼠表演：两只用细链条拴在一起的老鼠，按主人的命令把链子缠结起来，然后解开。这种“特技老鼠”的确出乎人的意料，使观看的俄国人伊台斯勃兰德由衷地赞叹：“这些卑微的动物的表演是我看过的表演中最惊人的。”

老鼠所能表演的远不止这些。在民间，百戏技艺中的调教老鼠，其成就更是惊人：

如清代在苏州玄妙观，有一山东人表演的“鼠戏”：将一高约两米，形如伞盖的木架安放在地上，架内有一似戏场之地，十余只鼠盘踞，还挂着圆圈及各式枪刀要物。锣一响，这些老鼠便上演各剧，有《李三娘挑水》《孙悟空大闹天宫》等，它们还能用爪抓住竹刀木枪，旋转而舞。

将老鼠调教得上演戏剧，这是为了勾起人们的欣赏兴趣，但也确实不易。如同元代陶宗仪《南村辍耕录》中记有一只大青蛙教八只小青蛙念书一样，清代袁枚在《子不语》中又记述了一乞丐所调教的这样的“蛤蟆戏”：

场上设一小木椅，大蛤蟆从乞丐身上所佩的布袋中跃出，坐在小木椅上，接着八只小蛤蟆从口袋中跃出落地，环对着大蛤蟆，寂然无声。乞丐喝道：“教书！”大蛤蟆便“阁阁”叫，八只小蛤蟆都跟着大蛤蟆“阁阁”叫，大蛤蟆叫几声，小蛤蟆就叫几声，如同先生教学生。乞丐突然说：“止！”这“蛤蟆教书”当即绝声……

清代的另一本笔记小说《闻见偶录》，也有这样一则《蛙教书》，看来，清代中后期，此类“弄虫蚁”是很多的，至清光绪庚子年，在北京的天桥还可以看到一位六十多岁的老者，用一大八小、九只青蛙作的这种“老师给学生上课”的表演。更为奇绝的是，蒲松龄在《聊斋志异》中曾记述过：

北京市上有人携一十二孔木盒，每孔伏蛙，弄者用细杖敲蛙首，蛙则作鸣。或与金钱，则乱击蛙顶，如拊云锣，宫商调曲，了了可辨。

清代徐岳《见闻录·奇技》又记：

又见一人以蛤蟆，小者二十四只，大者一只，按古曲高下缓急，音节不爽纤毫。其蛤蟆畜之囊中，用大方桌一张，出纵其上，大蛙踞中南向若客，在上则北向，小蛙左右各十二，依次就位，其人依曲挝鼓，蛤蟆声应拍不乱……



清代《点石斋画报》又有一幅《蛙嬉》使人们了解到：

浙江象山、宁海间，有一位弄蛙者，他舞黄、绿小旗，指挥十余只黄、

《点石斋画报·蛙嬉》

绿蛙，可以随意唱一二曲俚歌，檀板渔鼓亦娴节，拍鼓声“咚咚”，与“阁阁”的蛙声，若相应答。

复杂的乐曲，用什么样的方法才能使蛙感应并适用自如？其内在奥妙，真是神秘莫测。可是弄虫蚁者却将其呈现在观众面前，这显然是出于满足人们喜怪猎奇的心理。正是在这种目的的驱动下，清代的弄虫蚁者敢于标新立异，创造出了许多奇迹。据徐珂《清稗类钞》说：

光绪年间的台州，有一人教一狗学人语，历经十余年，这只狗竟能读书。表演时，取一册《礼记》，狗读《檀弓》篇，不爽一字；又取《周易》，读《系辞传》，也非常熟。这狗读书的声音非常响亮，唯发音时稍强硬，不能如人语之便捷。然而《檀弓》《系辞传》，都是聱牙佶屈、不易上口的，可是这狗却被调教得可以成诵！

还有更难的是清代朱梅叔《埋忧集》所记：

一人用两竹管，畜养了红、白两种蚂蚁。表演前，取红、白两小纸旗，分东、西插在几上。此人取竹管去掉塞子，分放两边，再各向管口弹指数下，蚂蚁随出，自成行列，趋止于旗下，排列如阵。此人复出一小黄纸旗，作指挥状，群蚁即纷纷齐进，两阵既接，举足相扑，两两角斗，盘旋进退，均合节度。久之，即有一群返走，扰乱若崩溃者，另一群争进，其行如飞，居然战胜追奔逐北的模样。此人又挥动小黄旗，战胜的蚂蚁便退回来，按次序爬入竹管，另一群战败的蚂蚁也络绎奔来，争相入管，不复成行了……

这种难度极大的“弄虫蚁”，还有许许多多，如汉代的驯蛇、驯骆驼、驯虎、驯猴；唐代的韩志和蓄赤色绳虎子，应声按梁州，并能作“致语”；宋代的鱼跳刀门，使唤蜂蝶，熊翻筋斗，驴舞柘枝；等等，它们是“弄虫蚁”中最重要的组成部分，最值得继承和研究。

还有一种类型，就是日常生活中形成的“弄虫蚁”。在宋代，此类“弄虫蚁”就很突出。随便举一例，如方勺《泊宅编》记北宋和州乌江县高望

《点石斋画报·驯蝎》

镇升中寺的僧侣，驯养了一猫，有客来，此猫便前去迎接并走报主僧，见来的不像正经人，便紧紧跟随……

尤其有趣的是清代王国璠《台湾杂录》记：一人由于事繁，便将自己养的鸭子训练成50队，每队百只，选壮鸭为首，日出，责领队出，到晚再领归，归则列队于泽中，像排阵似的。为首的鸭戛然长鸣，则全队无缺，否则有散失。

还有，宋代的福建，三山溪产小鱼，山里的儿童就加以畜养，让它们互斗。这种调教斗鱼术，发展到了清代，变化成为如徐珂《清稗类钞》所记：

有人将红、白两种金鱼，共贮一缸，用红、白两种旗指挥它们，摇动红旗，红金鱼就都随着红旗往来游翔，紧紧跟随，缓转缓随，旗若收住，鱼就都潜伏。白金鱼也是这样。再将二旗并竖，红、白金鱼则错综旋转，前后间杂，犹如军队走阵一般。将红、白二旗分为两处，红金鱼就随红旗归成红队，白金鱼随着白旗而归为白队……

更有甚者，有人将鱼调教得可以“下双陆”。徐昆国《遁斋偶笔》有记：

一姓白的大吏，砌一水池，水池中用文石砌成一“双陆盘”。招待宾客时，将池中灌满数寸深水，两名童子各执红、白小旗，至池中。一童子挥红旗，红鱼自上流悉出，按位而止。另一童子挥白旗，白鱼悉出，按位而止。这些鱼都长五寸多。宾客掷钱几点说“某子移至某位”，红旗童子按旗指某鱼引至某位，某鱼随至，不差分寸。大吏也是这样下，打落某子，鱼即随旗引入洞，再下子，旗再引鱼出来。局终，鱼都游入洞中，一会儿，水就放干，池子又像原来那样。

鱼顺从人的旨意而“下双陆”，这与人摸透鱼的生活习性，日久相熟最有关系。这也证实了仅仅是为了自己娱乐的“弄虫蚁”，也是可以出精品的。就像清代沈日霖《粤西琐记》述说的那样：

阳朔产猴，多有畜之者。于文王先生有一猴，极驯扰，客至，猴为送烟，一手接筒，一手持火，焠吹毕，跪，后足拱前，两手作叩头状而去，因呼为“礼猴”。

这是广西人利用生活环境之便而自娱的“弄虫蚁”，此类“弄虫蚁”在古代中国还非常多，“礼猴”只不过是其中一个典型罢了。

第四种类型是弄虫蚁赌博。

弄虫蚁赌博主要以斗鸡、斗鹌鹑、斗蟋蟀为代表。由于鸡、鹌鹑、蟋蟀都可以斗，所以它们均具赌博性质。

唐《东城老父传》说许多世家贵主，倾帑破产，市鸡以偿其值。宋代四川张咏写出了“斗鸡破百万”的诗句，明张岱《陶庵梦忆》中所记的斗

明《三才图会》中《斗鸡图》

鸡是以古董、书画、文锦、川扇等物为赌注。

清蒲松龄《聊斋志异》描写贫困的王成，见人斗鹌鹑，一赌数千，便驯养了一只鹌鹑，走上街头赌酒食，每次都赢，半年便积累了二十金。王成在大亲王府邸战胜了“玉鹑”，大亲王要买下他的鹌鹑，王成出价千金，大亲王认为不值，王成却说：

> 小人把向市廛，日得数金，易升斗粟，一家十余食指，无冻馁忧，是何宝如之？

最后王成以六百金与大亲王成交，他靠卖鹌鹑的金子，治田百亩，起屋作器，居然世家。

西湖老人《繁胜录》记临安市民，在蟋蟀旺季，纷纷斗赌，赢三两个，便望卖一两贯钱。明代陆粲《庚巳编》也记："吴俗喜斗蟋蟀，多以决赌财物。"周晖《金陵琐事》记：南京的斗蟋蟀，斗之有场，盛之有器，掌之有人，必大小相配，甚至两家方赌，傍猜者群集。清代孙珮《苏州织造局志》形容得更是有声有色：

> 吴俗每岁交秋，聚斗蟋蟀。光棍串同局役，择旷僻之所，搭厂排台，纠众合斗，名曰"秋兴"。无赖之徒及无知子弟，各怀银钱赌赛，设柜抽头。邻省别属，罔不辐辏，每日不下数千人，喧声震动闾闬。

正因斗鸡、斗鹌鹑、斗蟋蟀有厚利可获，所以人们无不精心饲养调教鸡、鹌鹑、蟋蟀，由此产生了一种研究斗鸡、鹌鹑、蟋蟀的专门学问。

清吴友如绘《风俗志图说·蟋蟀会》

迄今为止，我们发现的清乾隆年间未说明作者的《鸡谱》，就对斗鸡的良种选配繁育，种卵的孵化和雏鸡的饲育、饲养管理，各种疾病及其防治措施，进行了系统的、理论的总结，十分精辟，许多论断，对家鸡品种的发展，对养鸡技术的发展都产生了积极的影响。

清代有了对斗鹌鹑的饲养调教的专著——程石邻的《鹌鹑谱》，在这部书中，程石邻分门别类，井井有条，阐述了对斗鹌鹑的“相法”“养法”“洗法”“养饲各法”“饲法”“把法”“斗法”“笼法”“杂法”“养斗宜忌”，等等，对中国古代养鹌鹑的经验进行了科学的分析与总结。

蟋蟀的饲养调教著作则最多，宋代有贾似道的《促织经》，明代有嘉靖年间的《秋虫谱》，袁宏道的《促织志》，刘侗的《促织志》，清代有陈淏子的《蟋蟀篇》，梦桂的《蟋蟀谱》，金文锦的《促织经》，朱从延的《虹孙鉴》，麟光的《蟋蟀秘要》，秦子惠的《功虫录》《王孙经补遗》，拙园老人

清吴友如绘《海上百艳图·嘤嘤草虫》

的《虫鱼雅集》，等等。

这些著作，或辨品，或观行；或宜忌，或捕捉；或与食，或交配；或头色，或治病；或下盆，或长翅……字里行间，充满科学辩证的精神，对中国古代的生物学是一宗大的贡献。

综观斗鸡、斗鹌鹑、斗蟋蟀的专门著作，它们客观上对气候的熟悉、对地形的掌握、对饮食的适当等各门类的科学知识的发展，都有促进和完善的作用，这恐怕是热衷于弄虫蚁者意料不到的。

# 宋元玩具

在中国玩具发展史上，宋元是极其重要的一环，这一时期的玩具，总括起来有这样几个显著特点：

一是玩具作为一种商品，成为市场上不可或缺的角色。玩具已从昔日王公贵族的掌中物，化为寻常百姓家的摆设和赏玩之品。

二是玩具已成为节庆、时令的一种标识。在宋元的每一个重大节庆、时令中，均有相应的玩具出现，而且重食，重用，食用兼备，成为宋元玩具的潮流。

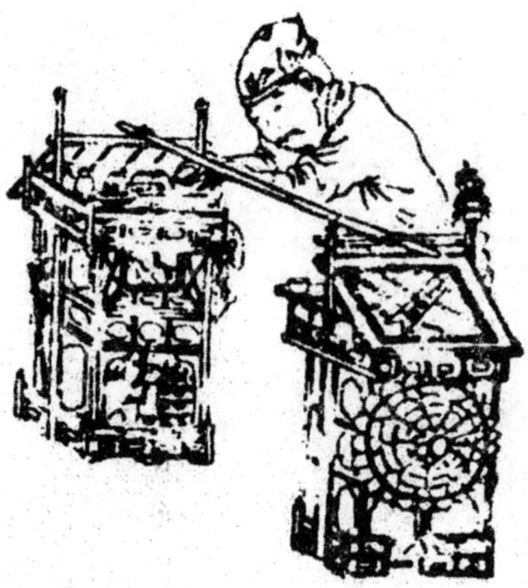

货郎图

三是各种新奇的玩具不断问世，如走马灯、扯铃，都是运用较先进的机械技术原理制作的，从而开辟了中国玩具一个崭新的时期。

先说第一点。宋有李嵩，元有王振鹏，两位大画家均作《货郎图》传世。他们所展示的也均是宋元儿童欢喜雀跃欢迎货郎担的热烈场景。又据文莹《玉壶清话》记载：曹彬过周岁日时，父母便将百玩之具罗列于席上，看他拿什么玩具。曹彬左手提干戈，右手取俎豆，过了一会儿又取了一印……

通过儿童这一独特视角，我们看到：出售玩具和喜爱玩具，在宋元社会已成为一种普遍的习俗。宋代话本《万秀娘仇报山亭儿》，就描写了作为独立的商业行当的玩具买卖的一面：

当日万员外邻居，一个公公，七十余岁，小名叫作合哥。大伯道："合哥，你只管躲懒，没个长进，今日也好去上行些个'山亭儿'来卖。"合哥挑着两个土袋，搋着二三百钱，来焦吉庄里，问焦吉上行些个"山亭儿"，拣几个物事，唤作：

山亭儿　庵儿　宝塔儿　石桥儿　屏风儿　人物儿

买了几件了。合哥道："更把几件好样式底'山亭儿'卖与我。"大字焦吉道："你自去屋角头窗子外面自拣几个。"

于此可见，宋代的"山亭儿"之类玩具已有专门的手工作坊制作，而且分不同档次。有专门从事批发玩具的，也有专挑担零卖玩具的。元代城市中，还有自己制作玩具、自己挑担零售者，如元杂剧《张孔目智勘魔合罗》中就有这样的一个事例。

宋元的玩具市场已十分庞大，品种十分齐全。像小银枪刀、打马象棋、杖头傀儡、棋子棋盘、选官图、蒲牌骰子、扇牌儿、钓竿、绢孩儿、弹弓、勃鸽铃、毽子、风筝、斗叶、壶筹、象棋、促织盆、镟影戏等。在元大都，

宋李嵩《货郎图》(局部)



各式各样的小儿戏剧玩具，可以比次填道。有的玩具如《武林旧事》所说：

> 悉以通草罗帛，雕饰为楼台故事之类，饰以珠翠，极其精致，一盘至直数万，然皆浮靡无用之物，不过资一玩耳。

《老乞大》还记：从当时中国带回高丽国的货物中，就有为数不少的玩具，如“小孩子的铃子一百个”，“女裙上佩带的小刀”，“象棋、双陆各十对”，这表明元代玩具数量、品种之多，还向周边国家出口。

宋元玩具第二特点是所具有的节庆性和时令性。如每逢“打春”，东京城内百姓就纷纷仿效开封府前置春牛的模样，做成花装栏座，上列百戏人物、春幡雪柳的小春牛，互相赠送。元大都二月二日时，市人便用竹拴琉璃小泡，在内养数条小鱼，沿街擎卖。端午节来到时，宋元城市商家都制艾虎、泥张天师、彩线符袋牌等“辟邪”玩具出售。

“七夕”是宋元玩具制作、买卖的高峰。在东京，每逢初六日、初七日晚，市民多结彩楼于庭，唤作“乞巧楼”，为的是放置“魔合罗”。如元曲中所说：

今宵两星相会期，正乞巧投机。沉李浮瓜肴馔美，把几个摩呵啰儿摆起。齐拜礼，端的是塑得来可嬉。

所谓“魔合罗”，又可称之为“摩诃罗”、“磨喝乐”等，是梵语的音译，是佛经中的神名，传自西域。在宋代小说、元杂剧中，魔合罗成为漂亮可爱的化身。如《十三郎五岁朝天》：“又是一个眉清目秀，唇红齿白，魔合罗般一个能言能语，百问百答。”又如《忍字记》：“花朵儿浑家不打紧，有魔合罗般一双男女。”

一般来讲，魔合罗是小塑的土偶，但用雕木彩装栏座，或用红纱碧笼装罩。也有将魔合罗装饰得金珠牙翠，所以贵重的值数千钱。魔合罗制作最为精巧、最为贵重的，当首推皇家。《武林旧事》记：“七夕”前“修内司”按着规例要进十桌“摩喉罗”，每桌30个，大约高至3尺，或用象牙雕镂，或用龙涎佛手香制造，全用镂金珠翠，衣褶、金钱、钗镯、佩环、珍珠、头须及手中所拿的戏具，都是“七金”做成，并用五色镂金纱橱放置。

最为广泛的还是泥塑的魔合罗，在宋元俗称为“泥孩儿”。《醉翁谈录》记东京的“七夕”，城中多卖“泥孩儿”。这些“泥孩儿”端正细腻，大小不太一样，穿着男女各式服装，南方人又管它叫“巧儿”。在魔合罗的塑造上，以宋代苏州地区制作最为精巧，这在《岁时广记》《方舆胜览》中都有明确记载。

《湖海新闻夷坚续志》就曾记道：临安的风俗是，到西湖游玩的人，都以买苏州泥孩儿为时尚。有的女子将买来的苏州泥孩儿，置于床屏之上，

江苏镇江出土的宋代
儿童泥玩具像



天天玩耍也不厌倦。更多的游湖者，纷纷竞买这种称为“湖上土宜”的泥玩具，以分赠友好。也有人形象地称这种泥捏的儿童玩具为“黄胖”，《白獭髓》中有诗道：

两脚捎空欲弄春，一人头上又安人。
不知终入儿童手，筋骨翻为陌上尘。

使这种泥玩具的神韵顿现。

据此看来，魔合罗的制作的确十分精巧，制作者的功劳是不可埋没的。其中优秀者如南宋吴县木渎人袁遇昌，他塑的魔合罗，被人誉为“天下第一”。他所制作的一对高六七寸的魔合罗，价值三四十缗，塑的齿、眉、发、衣襦、褶裙等活灵活现。他还能塑泥美人及人物故事，以 16 出为一堂，形式多样。在江苏镇江宋代遗址中，还发现过其他苏州玩具制造者捏塑的神像、人物、儿童角抵等陶像，高十余厘米，用泥抟埴捏成后经过烧制，不施釉，略加彩绘，上有“吴郡包成祖”、“平江包成祖”和“平江孙荣”等戳记。

但是也有外地制泥玩具优秀者，如北宋鄜州（今陕西富县）人田玘，他制作的泥魔合罗姿态无穷，当时东京玩具制造匠仿效他的塑作，终不能及。田玘塑的魔合罗，一时价高至10缣帛，5个或7个孩儿群像的玩具，值30千钱。他塑的小泥魔合罗像只有二三寸，大的也不过一尺高。陆游曾收藏过他所塑的一对卧孩像。临安之所以有一条“孩儿巷”，就是与人们喜欢玩魔合罗有关。

魔合罗的盛行，还带动了其他玩具的制作。如宋元较为流行的小玉人、玉笔山、小玉龟等各种玉雕玩具，其中最为典型的玉雕童子，就明显受了魔合罗的影响。玉雕童子的造型一般为短衣窄袖，手腕戴环，有的身着小马甲，大肥裤，形态各异，或模仿唐代飞天，或攀枝欲立，或行走舞蹈，或执荷叶为伞……故宫博物院现存有数十个这类宋元玉雕童子玩具，使我们领略到了宋元玩具的精美。

节庆性玩具，是朝廷举行隆重庆典时，商贩投其所好而制作的。如北宋东京金明池出大龙船时，皇宫后苑便将雕牙镂翠、极尽精巧的“小龙船”呈现出来，民间商贩则仿效制作“御座龙船”，及竞渡龙船、虎头船，上街叫卖。

这些东西虽然做工水平不一，但买的人却很多。目前现存的宋代年画《子孙和合》一图，画有三个儿童在一扁长石盆中做放舟之戏。石盆中的小木船，上有桅杆、楼阁，精致小巧，一个儿童手中所拿的小木船则又为另一样式，类似《清明上河图》中的平头船，可见宋代的玩具小船是很多的。

另外，每逢皇家大象出行，人们都来观看。于是小商贩便又制作大象玩具出售，许多人便买回送给不能看到大象出行的亲友。在清明节时，各纸马铺，又在当街，用纸折叠成楼阁，用这样的玩具招揽顾客。

在宋元节庆、时令时，还制作了既可观赏又能食用的食品玩具。像七月七日，东京城内，在小土板上敷土种粟，使之生苗，置小茅屋、花木，作田舍、村落、人物等。九月重阳，商贩便用粉做成狮子蛮王的形象出售。《朴通事谚解》记元大都人们在春天举行“赏花筵席”时，席面中间要放上“象生缠糖”，这种糖食品实际是一种赏食兼备的玩具。它是用白糖、白芝麻相和，用火煎熬，倾入木模印内，待凉后，与果实相似。白糖化后，用木印浇成，再用芝麻二合缠糖。“象生”，则是像生物的形状的意思，“象”谐作“像”。木印，用木刻成物状，成为模板。如狮仙糖，是用糖印做骑狮子的仙人形象，也有用糖印做楼观、僧佛形象的。有这样的食品玩具，既可大开胃口，又可一饱眼福。

宋元玩具第三个特点是新奇玩具不断涌现。像众所熟知的走马灯，是世界上第一种利用热力发动燃气轮的原理制作出来的玩具。沈括《梦溪笔谈》还记：世人以竹木牙骨之类为“叫子”，放在人的喉咙里吹，能作人言，唤作“颡叫子”。《水浒传》中就有这么一位“铁叫子”乐和，他的专长就是唱曲，想是也用“叫子”，否则就不会有“铁叫子”的绰号。由此也可见“叫子”这种玩具的普及。



有的人则追求玩具的极致。《夷坚志》就记道：有一高一尺五寸，阔二尺五寸的象棋桌，中可贮棋盒，四周有栏，沉香木的棋面，界线均是牙栅，外面用乌木、花梨木、檀木数匝缘饰，用来降真香刻水浪，加金填，而浪头填以银，芳香袭人。

不独棋桌如此新颖，人们玩的棋也不断推陈出新，像宋元“马棋”。它的雏形原是一种一将十马的“关西马”，一种一将二十四马的“依经马”。这两种“马棋”流传很久，各有图经，行移赏罚，互有异同。宣和年间，人们采两种“马棋”之长，定名为“宣和马”。到了南宋，这种“马棋”已“用五十六采之间，行九十一路之内，明以赏罚”，十分完备。它在“打马图”上，“或衔枚缓进，已逾关塞之艰；或贾勇争先，莫悟井堑之坠”，颇有趣味，很受宋元市民的欢迎。

更为独特的是，在《水浒传》中描写了这样一个场面：宋江与卢俊义等骑马行进在东京城里，“只见街市上一个汉子，手里拿着一件东西，两条巧棒，中穿小索，以手牵动，那物便响”。宋江不识，一问才知这种玩具叫“胡敲”，实际上就是“扯铃”。“巧棒”就是耍弄扯铃的短棒，“小索”就是两根短棒间的短绳，宋江看到的是一种“双头扯铃”。

据专家研究，它的制作是一个中间细的短木轴，轴两头各有一个两头封闭的短竹筒，竹筒短而大，周围开着口，转动时会发出声音。要弄扯铃的工具是有短绳相连的两根竹棒，用短绳支持扯铃轴，然后扯动竹棒，扯铃在绳上是对称的，不但能平衡而且能由绳的扯动而转起来，也就是把它“抖”起来了。这是利用陀螺装在平衡环架上旋转的独特性能而发明的玩具。

尽管《水浒传》是小说，但从宋代机械制造水平来看，制造这样的适宜大众玩耍的玩具，并把它推向市场，是没有问题的。因为从宋元制作机械木偶的水平还可互证，其水平是相当高的。李嵩《骷髅幻戏图》可以证明：一大骷髅以数丝悬吊一小骷髅的悬丝骷髅，引逗小孩儿玩，骷髅关节十分复杂，丝线有十余条。元代姬翼诗云：

造物儿童作剧狂，悬丝傀儡戏当场。

般神弄鬼翻腾用，走骨行尸昼夜忙。

通过此诗可知，悬丝木偶将元代儿童吸引得如痴如醉，同时也折射出了宋元玩具制作的新奇。

# 李开先与笑话

《金瓶梅词话》中贯串着大量的时兴小调、散曲、套数、院本、杂剧、传奇、宝卷及其他话本材料，尤其是书中捏合穿插的笑话，更是妙趣横生。虽然其中不乏低级趣味，但大部分笑话恰到好处，如第九十三回《王杏庵仗义赒贫　任道士因财惹祸》中写道：

西门庆的女婿陈经济穷困潦倒，无奈出家。收留他的任道士为了考察他老实不老实，一次出门，吩咐陈经济：那后边养的一群鸡，是凤凰，我不久功成行满，骑它上升，朝参玉帝；那房内做的几缸，都是毒药汁，若是徒弟坏了事，我也不打他，只与他这毒药汁吃了，直教他立化，你须用心看守。惯于吃喝玩乐的陈经济，识破了他的谎言，把最肥的一只鸡宰了，把酒筛热，一边吃还一边得意地唱，待任道士询问时，陈经济回答道：

> 告禀师父得知，师父去后，后边那凤凰不知怎的飞了去一只。教我慌了，上房寻了半日没有，怕师父来家打。待要拿刀子抹，恐怕疼；待要上吊，恐怕断了绳子跌着；待要投井，又怕井眼小挂脖子。算计的没处去了，把师父缸内的毒药汁，舀了两碗来吃了。

这一笑话既烘托了人物的个性，又使故事情节饶有风趣，耐人寻味，起到了画龙点睛的作用。然而究其根源，这种嘲讽道士的行径，并不自明

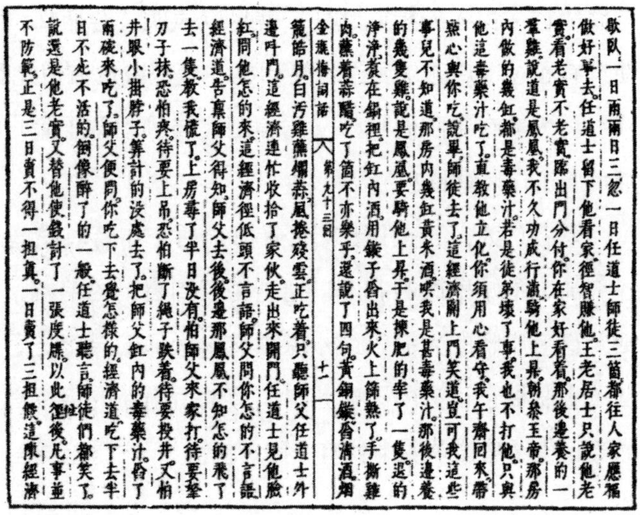

歇臥一日兩兩日三忽一日任道士師徒三箇都往人家應福做好事去。任道士留下他看家。徑智賺他。王老居士只說他老實。看老實不老實。臨出門分付。你在家好看着。那後邊養的一羣雞。說道是鳳凰。我不久功成行滿。騎他上昇。朝參玉帝。那房內做的幾缸。都是毒藥汁。若是徒弟壞了事。我也不打他。只與他這毒藥汁吃了。直教他立化。你須用心看守。我午齋回來。帶點心與你吃。說畢。師徒去了。這經濟關上門笑道。豈可我這些事兒不知道。那房內幾缸黃米酒。哄我是甚毒藥汁。那後邊養的幾隻雞。說是鳳凰。要騎他上昇。于是揀肥的宰了一隻。退的淨淨。煮在鍋裡。把缸內酒。用鏇子舀出來。火上篩熱了。手撕雞肉。蘸着蒜醋。吃了箇不亦樂乎。還說了四句。黃銅鏇舀清酒烟

金瓶梅詞話　第九十三回　十一

籠皓月。白汚雞蘸爛蒜。風捲殘雲。正吃着。只聽師父任道士外邊叫門。這經濟連忙收拾了家伙。走出來開門。任道士見他臉紅。問他怎的來。這經濟徑低頭不言語。師父問你怎的不言語經濟道。告稟師父得知。師父去後。後邊那鳳凰不知怎的飛了去一隻。教我慌了。上房尋了半日沒有。怕師父來家打。待要拏刀子抹。恐怕疼。待要上吊。恐怕斷了繩子跌着。待要投井。又怕井眼小擱脖子。筭計的沒處去了。把師父缸內的毒藥汁。舀了兩碗來吃了。師父便問你吃下去覺怎樣的。經濟道。吃下去半日不死不活的。倒像醉了的一般。任道士聽言。師徒們都笑了。說還是他老實。又替他使錢討了一張度牒。以此徑後。凡事並不防範。正是三日賣不得一担真。一日賣了三担假。這陳經濟

《金瓶梅词话》第九十三回书影



代始，它的雏形见于唐代敦煌卷子本《启颜录》。它是这样写的：

尝有一僧忽忆饣追吃，即于寺外作得数十个饣追，买得一瓶蜜，于房中私食。食讫，残饣追留钵盂中，蜜瓶送床脚下，语弟子云："好看我饣追，勿使欠少，床底瓶中，是极毒药，吃即杀人。"此僧即出。弟子待僧出后，即取瓶泻蜜，搵饣追食之，唯残两个。僧来即索所留饣追蜜，见饣追唯有两颗，蜜又吃尽，即大嗔云："何意吃我饣追蜜？"弟子云："和尚去后，闻此饣追香，实忍馋不得，遂即取吃。畏和尚来嗔，即服瓶中毒药，望得即死。不谓至今平安。"僧大嗔曰："作物生，即吃尽我尔许饣追。"弟子即以手于钵盂取两个残饣追，向口连食，报云："只做如此吃即尽。"此僧下床大叫，弟子因即走去。

目前尚无材料证实《金瓶梅词话》作者是否看过《启颜录》，但偷酒

与偷馇这一惊人的相似之处，就足以表明《金瓶梅词话》作者在创作时即使没有看过《启颜录》这本笑话集，也是锐意穷搜此类笑话素材的。否则，陈经济出家在寺院偷喝师父的美酒，与佛门弟子偷吃师父的佳馇这明显的继承痕迹作何解释？

笔者认为：正是由于《金瓶梅词话》作者对民间俗文学采取了一种不择细流、不嫌卑微的态度，把它融汇到自己的笔端，才形成了《金瓶梅词话》这一广阔的大海，这才堪称文学大师的风范。后代的民间俗文学不是从《金瓶梅词话》中汲取养料，又繁衍出新的笑话吗？清代小石道人纂辑的笑话集《嘻谈录》中就有一则《偷酒》，它是这样写的：



一先生好饮酒，馆童爱偷酒，偷的先生不敢用人，自谓必要用一

明代《说听图》

不会吃酒者，方不偷酒，然更要一不认得酒者，乃真不吃，始不偷也。一日，友人荐一仆至，以黄酒问之，仆以陈绍对。先生曰："连酒之别名都知，岂止会饮。"遂遣之。又荐一仆至，问酒如初，仆以花雕对。先生曰："连酒之佳品竟知，断非不饮之人。"又遣之。后又荐一仆，以黄酒示之，不识；以烧酒示之，亦不识。先生大喜，以为不吃酒无疑矣，遂用之。一日，先生将出门，留此仆看馆，嘱之曰："墙挂火腿，院养肥鸡，小心看守。屋内有两瓶，一瓶白砒，一瓶红砒，万万不可动；若吃了，肠胃崩裂，一定身亡。"叮咛再三而去。先生走后，仆杀鸡煮腿，将两瓶红白烧酒，次第饮完，不觉大醉。先生回来，推门一看，见仆人躺趴在地，酒气熏人，又见鸡、腿皆无，大怒，将仆人踢醒，再再究诘。仆人哭诉曰："主人走后，小的在馆小心看守，忽来一猫，将火腿叼去；又来一犬，将鸡逐至邻家。小的情急，忿不欲生，因思主人所嘱红白二砒，颇可致命，小的先将白砒吃尽，不见动静；又将红砒用完，未能身亡。现在头晕脑闷，不死不活，躺在这里撑命呢。"

以上三则笑话联系起来看，是《金瓶梅词话》作者，将僧徒偷吃师父馅的俗讲加以移植，变成了投靠他人的陈经济偷酒喝的故事；清代《嘻谈录》中的"偷酒"，则是从《金瓶梅词话》沿袭下来的，其中《金瓶梅词话》作者承前启后的关键作用一眼可见。

由于有《金瓶梅词话》作者这样的具有高深文学修养的大师，注意吸收民间笑话的营养来创作笑话，使一向流行于坊间巷里的笑话，成为文学体裁中不可缺少的一部分，昂首在典雅的文学殿堂里稳稳地占住了一个席位。这种局面的形成，《金瓶梅词话》作者的功劳是不可埋没的。

一些研究《金瓶梅词话》的专家研究认为：《金瓶梅词话》的作者是文学大师李开先，姑且认为李开先是《金瓶梅词话》的作者吧，因为李开先确实在挖掘笑话之类的通俗文艺方面是不遗余力的，并把它体现在自己的创作中。李开先的《打哑禅院本》就是这样一个例证：

一个唤贾不仁的屠夫，绰号“皮里穿”。因无营运，他上街寻个猪来卖了养家。在山门前看到打“哑禅”的帖子：有人打了，便可得十两叶子黄金。贾不仁不曾看过佛经，也不会打哑禅，但揭了“招帖”。他想的是：若撞得着，便骗他十两黄金；撞不着，也不该打罪，也不该骂罪，只是不理我便了。

有趣的是，就是这样的什么也不懂的屠夫，竟然赢了那“读过了几千万卷藏经”的长老，其手段是通过“打哑禅”。按照长老的解释是：

他伸一指是一佛出世；贾屠伸二指是二菩萨来涅槃。长老伸三指是佛法僧三宝；贾屠伸五指是达摩传流五祖。长老点头是如来意；贾屠望长老指一指，又将自家指一指，这是无人无我。长老唧唧眼是弥勒佛掌教；贾屠把胡子摸一把是弥勒佛入定后，此心了然不觉。长老出十个指头，拳回三个，是生之徒十有三；贾屠也照样，是死之徒也十有三。

长老双手往地下拍两拍，是无明业火，按捺不下；贾屠往空中指两指，是空即是色，色即是空。长老往腰边摸两摸，是二戒贪嗔好杀；贾屠把双手缠几缠，是不好杀之人，十八尊罗汉轮流转过来。长老出三个指头，拳回一个；贾屠便舒手指掐算道：可是三教归一，佛门最长。长老望城墙上指一指，回身向地下坐；贾屠也照样，这是：如来夜半逾城苦行，林中端坐。

可是到了贾屠那里，这些佛门经典全走了样。贾屠认为长老伸一个指头，是说寺中有一个猪要卖。他便伸两个指头，回答长老：不多不少，换200个好钱。

长老伸三个指头，贾屠伸五个指头，这是：寺中一闸三个猪都要卖，零买200钱一个，共该600钱。总买少不得讨些便宜，换他500好钱。

长老点点头，贾屠将长老指一指，又将自家指一指，这是：平得过你心，就平得过我心。长老唧唧眼，贾屠把胡子摸一把，这是：然后就来。长老伸出十个指头，拳回三个，这是：今日十二，我到十三日就要猪钱。贾屠也照着这样伸拳伸手指，是表示：到十三日就给你。

长老往地下拍两拍，贾屠往空中指两指。贾屠说：这是长老认为猪在寺中饿了一场，卖与世人食用，把这两榔头饶了它罢！我往空中指两指，这是对天盟誓，若打它一榔头，我就不是个人！

长老往腰边摸两摸，贾屠认为这是长老要把两个腰子送来，与山僧解馋。贾屠把双手缠几缠是表示：休说是这两个腰子，就是这副猪肠都抖搂与你吧！

明代民间《说鬼图》

长老伸出三个指头，拳回一个，贾屠理解为：长老平日认得三个妇人，只有一个好的。长老向城墙上指一指，回身向地下坐，贾屠说这是长老吃了猪肠和腰子，饱暖生闲事，把这妇人从城墙上引过来，地下同坐着，任意所为吧？

禅宗语录，肇始于唐。自此以后，禅宗其特殊的思维方式，就像一片叶子，在世人面前呈现出不同的两面，一面是止观佛法，高深莫测；一面是方言口语，活泼天然。李开先将两面糅为一体，运斤如风，举重若轻，融入笑话的体裁，从而创出了独特的风格。无论从哪个角度来说，它都不愧是历史、文学、哲学上的一朵奇葩。



在李开先的妙笔下，一个满腹经纶的长老，一个大字不识的屠夫，一对本来就风马牛不相及的人物，却煞有介事地“斗法”，而且结果竟是屠夫胜了长老，这种雅俗同炉，自相矛盾，但又亦庄亦谐的碰撞，其效果是分外强烈的，令人忍俊不禁。这一笑话听起来真是不可思议，似不正常，然而，却正是李开先所处时代各种思潮互相撞击的回响——

在明代一股狂禅之风汹涌而来，主张解脱无碍，放荡不羁，跳出窠臼，破除成规，许多人都一下子从禁欲迈到了适意。作为主张纵欲的市民阶层代言人贾屠，在“禅”的形式中出现就是这样的一个具象。他与长老“打哑禅”，在本质上和袁宏道的“趣”、李贽的“童心说”、焦竑的“脱弃陈骸，自标灵采”等大胆怀疑、离经叛道的异端思潮是一脉相通的。不过李开先却别开新格，选择了笑话，深入浅出地阐释自己的这一思想，这是他比同辈学者、作家高明之处。

李开先也许张扬《打哑禅院本》不是为笑而笑，而是有更深层次的内涵，在此剧之首，他就写下了“暂闭谈天口，静观打哑禅”的诗句，在此剧最后，又写下了“世事颠倒每如此，眼前琐碎不堪观”的句子，这是在告诉人们，在笑声中去加深对禅的奥蕴的思索……



值得一提的是，李开先对笑话的创作，直接给后来的相声以催化。按照曲艺专家的研究，传统相声起于清代，笔者不以为然。从《金瓶梅词话》中的陈经济偷酒，到《打哑禅院本》，笔者认为，传统相声的形成期应予提前，至少应该提前到李开先所生活的时代。

因为在明代，这种或一个人说、或两个人说的样式，已经在萌芽、在茁长、在成熟。由刘宝瑞整理、表演的单口相声《学徒》，由常连安整理、表演的单口相声《山东斗法》，都带有李开先创作的笑话的明显痕迹，这难道是偶然吗？

# 明清象声

象声起源于何时？《史记·孟尝君列传》载：孟尝君的门客，为骗出关，学鸡鸣，于是“鸡齐鸣”。曲艺专家认为，这条史料可称得上是有关象声最早的材料。可以这样说，自先秦以来，象声的源头基本是一种以像活、像真为内容的口技性质的技艺，如宋代《繁胜录》《梦粱录》所说的“乔像生”、“像声”，在繁衍流传着……

这种摹拟声音的口技，在明清已成为独立的艺术样式。其特点是从单一的模仿某一种声音，发展到了汇各种声音于一炉的“象声戏”。钮琇《觚剩》对这种“象声戏”作了这样的刻画：

> 一音乍发，众音渐臻。或为开市，由廛主启门，估人评物，街巷谈议，牙侩喧呶，至墟散而息。或为行围，则军师号召，校卒传呼，弓鸣马嘶，鸟啼兽啸，至猎罢而止。自一声两声以及百千声，喧豗杂沓，四座神摇。忽闻尺木拍案，空堂寂如，展屏视之，一人一几而已。

在这条史料里，钮琇还提出了象声是“盖得啸之遗意而极于变者”的观点。这就是说，于魏晋至鼎盛的口哨音乐“啸”，也是象声的源头。成公绥有《啸赋》赞其魅力：“假象金革，拟则陶匏，众声繁奏，若笳若箫。”所以，钱钟书先生在《管锥编》中论“啸”道：

明《宪宗元宵行乐图》中的口技艺人

则似不特能拟笳箫等乐器之响，并能肖马嘶雁唳等禽兽鸣号，俨然口技之“相声”。

的确，明末的汪京，就别号“长啸老人”，陈鼎为他立《啸翁传》，说他：

能作鸾鹤凤凰鸣，每一发声，则百鸟回翔，鸡鹜皆舞。又善作老龙吟，醉卧大江滨，长吟数声，鱼虾皆破浪来朝，鼋鼍多迎涛以拜。

这是“啸”给象声以影响的明证。

由于象声从啸等各种艺术汲取养料，所以它格外迷人。康熙时的屈复，从少年起就苦苦追听象声，直到雍正元年（1723）的冬天，在北京的“兰雪堂”夜宴中，屈复才听到了仰慕已久的“俗名曰像声儿，亦名口技”的表演。表演者是一白首老盲艺人，他“垂帷而作，无不神妙”。屈复有感于“此戏自子史而外，百家小说皆所不载”，便在其著作《弱水集》中用诗歌颂了这位杰出的象声艺人高超的技艺：

中有瞽者麻目须，历历碌碌六尺躯。
主人指此前揖客，试令作技为欢娱。
独闭空房帘垂地，衣履之外一物无。
依微漫话招寻侣，往复披展通情伫。
先时两两后三三，多或十十少五五。
疾徐高下乱纷纭，阴阳少壮齐尔汝。
未睹形容只辨声，声里偏能传言语。
宾客无言灯荧荧，童仆尽倚倚罗屏。
排忧非乐参神会，不嚏不睡侧耳听。
忽闻喁喁兼絮絮，十二峰头相送迎。
云飞雨散夜将半，小儿梦中啼咿嘤。
忽闻朱门张公子，泣罢前鱼娇鸟鸣。
忽闻六街烈火燃，忽闻鸣犬叫寒烟。
举头忽见冲帘出，霜浓星淡月当轩。
四坐宾客方大笑，倾壶覆盆谁能约。

屈复用文字勾画出了一幅“象声表演图”。诗中听众对象声如醉如痴的神情，跃然纸上，令人神往。也使人了解到，达官贵人在府第开堂会请艺人助兴时，象声也可堂而皇之地列为必备节目之一了。陈森《品花宝鉴》中就有：一群公子品花宴上，在招来伺候的“一班十锦杂耍”里有“一回像声”的表演。

从明清象声的艺人数量、质量等方面来说，北京是占有优势的。俞宣

《挑灯集异》记万历四十三年夏，他在北京与人夜坐，仆人唤来一象声表演者，只听得：

一会儿壁后鼓乐喧奏，一会儿微闻犬吠，由远渐近，互相争食，厨人呼叱。一会儿，鸡鸣声渐，鸡乱唱，主人开笼，宛然鸡呼子，雌雄勾引，忽然鹅鸭惊鸣，与鸡声闹和，恍如从蔡州城下过。一会儿又听三四月小儿啼声，父呼，其母令乳儿含乳，咂咂作吸乳声……

在夜间也可以找到这样绝妙的象声表演者，这显示出了明代北京的象声是有雄厚基础的。清代北京，更是象声名家辈出，“车王府”单唱鼓词《风流词客》展示了一位宛平县人氏，“原籍姓马把像声装”：

尖团憨细各有各腔。
学老婆儿齿落唇僵半吞半吐，
学小媳妇娇音嫩语不柔不刚。
学醉汉呼六喝幺连架式，
学书生咬文咂字忒酸狂。
学怯音句句果然像八府，
学蛮语字字必定仿三江。
西府的乡谈他也会打，
惟有那山东话儿说的更强。
常言道装龙要像龙装虎要像虎，
装的像才教人越听越爱不能忘……

至于清代其他地方，表演象声技艺独特者也大有人在，如四川的《合川县志》所记：

布成小围，以竹作骨，中伏一人，变态百出；有鸟兽、昆虫声，有唤卖面声，有酣睡声，有老妪嗽声，有男妇呓语声。有辗转反侧声，有小儿尿声，哭啼声，邻家嘲语声；或盗贼入户声，或街头失火声，或众人鼎沸声，无声不备，无声不肖。

由佚名所作的《蝶阶外史》还可以看到：

山东济宁一乞丐，能作雄鸡报晓声、鸦雀争噪声、牛鸣声、犬吠声、蟋蟀声、蚯蚓声、长空雁唳声、夜鼠啮衣声、饿猫捕鼠声、苍鹰搏兔声、马嘶声、车辚声、磨室箩面声、万户捣衣声……凡世间所有，均可盈耳。最绝者，呼呼作风声，拔山撼树，骇浪惊涛，一时并举，复有千百帆樯，

清金廷标《瞎子说唱图》

互相撞击，舟人撑篙把舵，竭力喊号，势纠纷而不可解。顷刻，突然一声如巨霆轰震，万籁俱寂……此人“象声”技艺之妙，使小学生沉迷不能自拔，以至“闻其人过，即逃塾听其技”。

这种绝技，非一朝一夕之功，更有其历史源流。明嘉靖才子李开先就曾为山东济宁一唤作“刘九”的盲艺人作《瞽者刘九传》，说他：“市语方言，不惟腾之口说，而且效其声音。”刘九以此名世，即使有久郁积忧者，只要一遇到刘九也会解愁而笑。刘九与《蝶阶外史》中所提到的乞丐同为山东济宁人，他们之间是否有传承关系？尚未见文献记载，似可作进一步探索。

南方的象声，又别名为“隔壁戏”。范祖述《杭俗遗风》说清代杭州“隔壁戏”的表演：

明代说书人

横摆两张八仙桌，踏起布帏，一人藏内，惟有一把扇子，一块钱板，便能作数人声口，鸟兽叫唤以及各物响动，无不确肖。

南方的象声，有一值得注意的现象，那就是它给予评书表演以有益的借鉴。张岱《陶庵梦忆》记明代评书艺人柳敬亭在说《景阳岗武松打虎》时的情景：

哱夬声如巨钟。说至筋节处，叱咤叫喊，汹汹崩屋。武松到店沽酒，店内无人，謈地一吼，店中空缸、空壁皆瓮瓮有声。



柳敬亭假如不像象声艺人那样练习仿效各种声响，他的说书无论如何也达不到这种程度。

顾禄的《清嘉录》又对南方表演鸟叫的象声艺人作了刻画：

以扇扑桌，状鸟之鼓翅，继作百鸟之声，皆出自口中，谓之百鸟像声。

李斗《扬州画舫录》亦可证之：扬州有专门学鸟叫的象声行当。陈三毛、浦天玉、谎陈四等一批艺人侧身其间，其中佼佼者为井天章，游人经常请他在画舫中与鸟斗鸣，听众认为他可以和北京的“画眉杨”并称。

“画眉杨”是清嘉庆年间北京的一位能为“百鸟之语，其效画眉尤酷似”的象声艺人。昭梿《啸亭杂录》记载：

作鹦鹉呼茶者，宛如娇女窥窗。又闻其作鸾凤翱翔戛戛和鸣，如闻在天际者。至于午夜寒鸡，孤床蟋蟀，无不酷似。

还有一次，“画眉杨”作黄鸟声，“如眈眈于绿树浓荫中”，韩孝廉因此声而起思乡之情，竟落了泪。

使人欣喜的是，“画眉杨”又有徒弟继承他的技艺。许起《珊瑚舌雕谈初笔》记一姓郎的象声艺人：

> 作鹦鹉呼茶声，宛如娇女窥窗，年少闻之，莫不心宕神移，魂飞魄越。又作鸾凤音，翱翔天际，戛戛和鸣，令人心气和平。至于午夜寒鸡，荒郊喔喔，恍觉旅征早起，无限凄凉；如孤床蟋蟀，篱落秋虫，懒妇惊心，愁人助叹。一日忽作子规声，幽怨难名，回肠欲裂。在座者俱触乡思，因之堕泪，不能终听。

以此文与记“画眉杨”文对照，不难发现，两文如出一辙。清代文坛，辗转抄袭，屡见不鲜，此诚非怪事，但相继有人用几乎无差别的文字，为一对学鸟叫的象声师徒作录，只能从“画眉杨”影响之巨，技艺之绝，传承之深去解释。

我们还可以从清代《望江南》词去寻求旁证，其中就有“都门好，口技擅禽鸣。锦舌澜翻江海水，伶牙慧谱凤鸾声”的句子。如果形容一个人聪明，也是以“能效百鸟声”为准，如吴长元《宸垣识略》所说的毛西河的“姬人买珠”。实际这都是从另一个方面表达出了人们对“画眉杨”之类的象声的喜欢之情。

可是，从整个象声技艺看，许多象声表演者已不满足于单一的学鸟叫，而是要仿效各种声音，以至要描摹社会情态。如康熙年间的褚人获的老师周德新，就善于表演“演操”，自抚军初下教场放炮，到比试武艺，杀倭献俘，放炮起身，各人的声音，无不酷肖。还有陆瑞白，善于作钉碗声，群猪夺食声，僧道、水陆道场上的钹声，大铙、小铙，杂以锣鼓，无不合节，使听者都忘掉了疲劳。子弟书《鸳鸯扣》说那学鸟叫的“画眉杨”，也兼表演相声《大闹酒楼》……

由于象声是和许多不同门类的艺术同一场合演出的，如清车王府钞藏曲本子弟书《女筋斗》所说：“先是评书把场面引，紧连着响当鼓彩相声儿等等。”在各方面的艺术熏染下，出现了集大成者：

如郎瑛《七修类稿》记天顺年间的杭州人沈长子，就善为四方之音，凡遇别省郡客，随入其声，人莫知其为杭州人。就是释道诸行，鴂舌之巧，皆能言之，而且至精入神。类似沈长子这样的象声艺人已不在少数。

清代邗上蒙人《风月梦》就展示了一位既可学“各色鹊鸟声音，并猪鸭狸猫鸡鸣犬吠，又学推小车大车牛车骡车轻重上下各种声音”，也兼学各色身份人物声情，名叫王树仁的象声艺人。他所学的人物，有七八十岁的老妇人，操泰州口音的年轻媳妇，稚气未尽的小和尚，三十余岁的山西侉男子。其间穿插年轻媳妇为老妇人捶背声，年轻媳妇学唱小曲《南京调》

象声表演

声，叩门、开门、关门声，拉扯打架声……

不过这种象声，为了迎合某些听众的低级趣味，往往以男女调情、偷奸等市井下流货色为主，江湖行话管它叫“臭春”。云游客《江湖丛谈》说，至清末，由于表演这种象声太缺德，各市场就全部将其取缔了。

还有的是尽说俗气话的象声，清车王府钞藏曲本子弟书《随缘乐》说：“说随缘乐相声绝妙”，有人去听“说几句俗白，不过是凑趣；都是那匪言鄙语，巷论街谈”，结果“予本是乘兴而来败兴返”……

这些只是象声发展过程中一个小小的末流，不能代表象声的全部。

# 中外相会

现在是东西方都要承认和尊重中国贡献的时候了！

——《中国科学技术史精华》编撰者——罗伯特·K.G.

# 高尔夫球源何在

今日风靡世界的高尔夫球运动，早在14世纪时，在中国就已经十分成熟了。这不单有世人所公认的系统的高尔夫球理论著作《丸经》可以佐证，更可以从鲜为人知的《朴通事谚解》一书得到证实。

《朴通事谚解》出版于公元14世纪中期的高丽国（今朝鲜），它是一本专为高丽人来华使用的汉语教科书。“朴”为高丽人的常用姓，“通事”为翻译之称，“谚解”即对当时中国流行的语言现象所作的注释。朴通事编撰此书是想使本国读者，通过一系列的汉家生活场景，来掌握和了解中国的语言词汇和生活习俗，所以此书对元代首都大都（今北京）的商业、手工业、书籍、杂技、民俗、宴饮、游玩诸方面均网罗无遗，细致描写。而书中所描述的“捶丸”，可说即为“高尔夫球”，或是“高尔夫球”的雏形，它已具有今天高尔夫球所有的显著特征。

笔者现据《朴通事谚解》有关“捶丸”文字标校如下（括号中文字系《朴通事谚解》一书的汉语注释）。

［上卷］

开春打球儿。［“球儿”，质问云：作成木圆球。“球儿”，质问所释，疑即本国优人所弄杓铃之戏，与此节小儿之戏，恐或不同。详见下卷集览。］

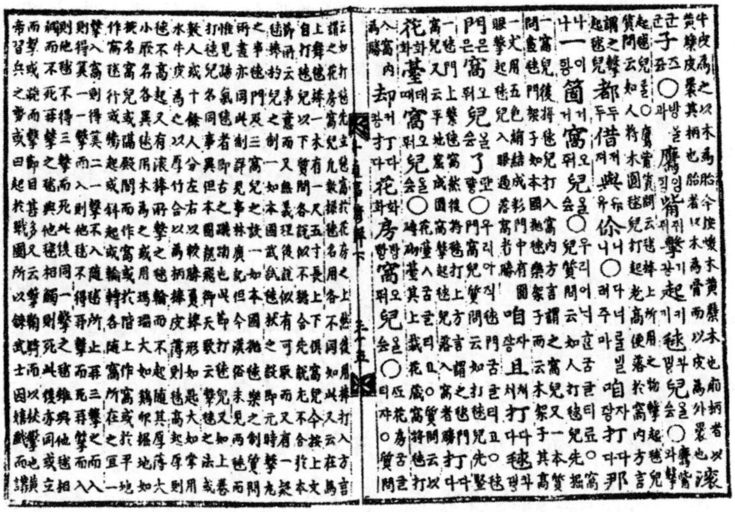

《朴通事谚解》书影

［下卷］

“咱们今日打球儿，如何？”［今按质问，画成球儿即如本国注云，以木刷圆。］

“咱赌什么？”“咱赌钱儿。”“那个新来的崔舍，你也打的么？”“我怎么打不的？”“你是新来的庄家，哪里会打？”“不济事，你休问他。”“我学打这一会。”

“将我那提揽和皮袋来。［‘皮袋’、‘提揽’，质问云：如筐子上有圆圈，用手提携，方言谓之‘提揽’。又云：或竹或荆为之，有本等长圆提系。今以质问之，释考之，则‘揽’字作‘篮’为是，然此两释，似皆不合本意，未详是否。］拿出球棒来。［‘球棒’，质问云：如人耍木球，耍木棒，一上一下，用有柄木杓接球，相连不绝，方言谓之球棒。又云：此戏之一端也，有球门，有窝儿，中者为胜，以下四者俱打球之用。］借与崔舍打，飞棒杓儿［‘飞棒杓儿’，质问：画成球棒，即本国武试球杖之形。而下云：暖木厢柄，其杓用水牛皮为之，以木为胎。今按暖木，黄蘖木也。厢柄者，以黄蘖皮裹其柄也。胎者，以木为骨，而以皮为外裹也］滚子、鹰嘴，击起球儿［‘鹰嘴’，质问云：球棒上所用之物。击起球儿，质问云：如人将木圆球儿打起老高，便落于窝内，方言谓之击起球儿。］都借与你。”

“咱打那一个窝儿。”［“窝儿”，质问云：如人打球儿，先掘一窝儿，后将球儿打入窝内，方言谓之“窝儿”。又一本质问：画球门架子，如本国抛球乐架子，而云木架子，其高一丈，用五色绢结成彩门，中有圆眼，击起球儿入眼过，落窝者胜。］

“咱且打球门窝了。”［“球门窝儿”，质问云：如打球儿，先竖一球门，上系球窝，然后将球打上，方言谓之“球门窝儿”。又云：平地窟成圆窝，击起球儿落入窝者胜。］

“打花基窝儿”，［“花基”，质问云：以砖砌基，其上栽花藏窝，将球打入窝内为胜。］

“打花房窝儿”，［“花房”，质问云：如打球，先立球窝于花房之上，然后用棒打入，方言谓之“花房窝儿”。凡数样球名，用名相同如此。又云：在马上舞球棒，一木有一尺五寸长，上下俱窝儿。今按上文，自打球儿以下，质问各说，似不稳合。先说尤不合于本节所云事意，而又无义理；后说似有可取，而又有一疑，球棒杓儿之制，一如本国武试球杖之设，即元时击丸之事。球门及三窝儿之设，一如本国抛球乐之制，质问所画亦同此制，详见《事林广记》。但今汉俗，未见两球，而惟见踢气球者，即古之蹴鞠也。此节打球儿，又如上卷打球儿，名同事异。但本国《龙飞御天歌》云：击球之法，或数人，或十余人，分左右以较胜负。棒形如匙，大如掌，用水牛皮为之，以原竹合以为柄。棒皮薄，则球高起，厚则球不高起。又有滚棒所击之球，轮而不起，随其厚薄，大小厥名各异。球用木为之，或用玛瑙，大如鸡卵，掘地如碗，名“窝儿”。或隔殿阁而作窝，或于阶上作窝，或于平地作窝。球行，或腾起，或斜起，或轮转，各随窝所在之宜。一击入窝则得算，二一击不入，随球所止。再三击之而入，则得算。一一击入，则他球不得再击而死。再击而入，则他球不得三击而死。此后同一击之球，虽与他球相触而不死，再击之，球与他球相触则死，此后亦同。或立而击，或跪而击，节目甚多。又云：击鞠骑而以杖击也，黄帝习兵之势。或曰：起于战国，所以练武士，因嬉戏而讲习之，犹打球，非蹴鞠之戏也。]

“咱打不上的。看那一个球儿，老时着先打。”一霎儿，人闹起来：“新来的崔舍，三回连打上了。”别人道：“梦着了也。”又打了一会，崔舍又打上。众人喝彩道：“我不想这新来的庄家快打，这的唤做‘人不可貌相，海不可斗量’，怎么小看！”崔舍道：“哥，你们再也敢和我打球么？你十分休小看人，常言道：‘寸铁入木，九牛之力。’”

《朴通事谚解》对“捶丸”的记录，明确地告诉了我们——

在“捶丸”的竞赛形式上，朴通事说：

击球之法，或数人或十余人分左右以较胜负。

这和高尔夫球比赛的单人、三人、四人等人数规定没什么大的区别。

对“捶丸”器材，朴通事说：“将我那提揽和皮袋来，拿出球棒来。”所谓“提揽”，即“如筐子上有圆圈，用手提携”。今天高尔夫球比赛时，赛手自己或由专人提着或背着一个长长的装满各式球杆的皮袋；而在元代，去“捶丸”时，所需的各式球棒等器材，就是装入特制的“提揽”和“皮袋”中，提携或背着到“捶丸”场地上的。可见二者是十分相似的。

“捶丸”时所用的“球棒”和“球”，也与今天的高尔夫球相差无几。

宋代陶枕上的捶丸图案



朴通事说：

用有柄木杓接球，相连不绝，方言谓之球棒。

球用木为之，或用玛瑙，大如鸡卵。

如朴通事所述，“球”是用木或玛瑙制成，像鸡蛋大小，这与今天的高尔夫球差不多，只不过制作材料不同罢了。可是，说“捶丸”中“有柄木杓”也与今天高尔夫球杆相似，就不是一两句话能说清的。我们需要从《朴通事谚解》问世的元代，及前后有关联的宋代、金代、明代的图画、实物及史料中，去找到旁证。从山西省洪洞县水神庙元代壁画《步打图》中“捶丸”者所持的球棒，从宋代一陶枕上正在打球的儿童手中拿的一扇形长棒，从上海博物馆藏杜堇《仕女图》中几位仕女所持的球棒，我们可以获知《朴通事谚解》中的球棒“有柄木杓”的形象，就是球棒的击球部位，近似三角形状。

《金史》卷三十五这样记载当时“捶丸”的球棒：

**鞠杖，杖长数尺，其端如偃月。**

“捶丸”之杆外形如同一倒置的长数尺的羹匙。虽然《金史》所记的是击马球的球棒，可是历史上对球杖的记载就属这条史料较为明确。况且，《丸经》记录了金章宗极爱好“捶丸”，其“捶丸”球棒当然不会与马球杆相去甚远，因“捶丸”是从唐代打马球变化的“步打”脱胎而来的，这是人们熟悉的史实。

1989 年第 4 期《体育文史》刊载的帅培业的文章《中国古代马球的马和球具》，也披露了河北巨鹿出土的宋代绢画《击鞠图》中的马球杆形状，与故宫博物院所藏明《宣宗行乐图》上所画的“捶丸”球杆一模一样，这是个极有力的旁证。再看朴通事对球棒的解释：“棒形如匙，大如掌”，可见，“捶丸”的球棒其长，其形，与马球杆大略相同这一论断完全可能成立。而这些特点不是和长一米左右，其杆端部如羹匙状的高尔夫球杆很相像吗？

关于“捶丸”的场地设施，朴通事有两种解说。一种是射过竖起的球

《仕女图》（捶丸局部）

门“落窝者为胜”，这种设施和今天的高尔夫球场设施有较远的距离。这是由于“捶丸”设施不可能一下子全部甩掉旧有的规矩的束缚，所以在元代最初的“捶丸”中，还保留着宋代打球时设球门的习惯。

而另一种解释则与今天的高尔夫球较为一致了，即“掘地如碗，名‘窝儿’。或隔殿阁而作窝，或于阶上作窝，或于平地作窝”。“人打球儿，先掘一窝儿，后将球儿打入窝内，方言谓之‘窝儿’。”“窝儿”也不尽一样，有“花基窝儿”，是“以砖砌基，其上栽花藏窝”。还有“花房窝”，即“如打球，先立球窝于花房之上，然后用棒打入，方言谓之‘花房窝儿’”。“窝”即今天高尔夫球场上的“洞穴”，布于一块不规则的、有起伏丘陵也有平坦草坪的大场地上。“阶上作窝”、“隔平地作窝”，这个意思已表达得很清楚了。还有“或隔殿阁而作窝”，元代殿阁是相当高的，可以想见“捶丸”场地之大。“花房窝”、“花基窝”则又表明“捶丸”场地是要有花草的。这与今天高尔夫球为增加比赛难度，在球场内设置一些沙坑、深草、树木、道路等障碍区是相同的。

“捶丸”的打法和高尔夫球也一致。如“人将木圆球儿打起老高，便落于窝内”，“击起球儿落入窝者胜”，“球行，或腾起，或斜起，或轮转，各随窝所在之宜”，“或立而击，或跪而击，节目甚多”。这些记述非常形象地告诉我们：人在打球时，只能是站着将球打起老高，击起的球在空中作弧形滑行，要越过“障碍”落入窝者才为胜。像今天的高尔夫球比赛一样，那时的“捶丸”就有侧旋球、内外旋球等不同的击球方式了。而且，除了站着击球式还有跪着击球式，各种姿势很多。

朴通事所记“捶丸”的计分规则是：球被击入窝则算得分，当击球者击球入窝时，“则他球不得再击”。这与今天的高尔夫球击球规则是一样的。

综上所述，若用今天的眼光衡量，盛行于世界的高尔夫球的主要面貌在元代“捶丸”中就已经具备了。虽然今天高尔夫球的制作方法、高尔夫球杆的制作材料已有了变化，但是高尔夫球的基本原则是中国元代的“捶

缠足的女童

《蕉荫击球图》中的男童



丸”就规范了的。因而，我们有充分理由证明：中国是高尔夫球的发源地。

我们从《朴通事谚解》中可以推测，朴通事不仅将“捶丸”的打法而且也将“捶丸”的器材带回高丽国。进而，在元帝国横跨欧亚广阔疆域的时代，通过欧亚的安全顺畅的水路、驿道，大批来自西域的商人、罗马教士、俄罗斯使者云集于元大都，他们学会“捶丸”这种当时世界上称得上是高雅而有情趣的运动，并将它连同器材带回国，向欧洲传播，是完全可能的。

# “叶子戏”的演变



关于牌的起源，以往在世界上有过不同的意见。法国学者认为是法国却尔斯六世在位的1392年发明的，比利时学者则提出他们要比法国玩纸牌早，而瑞士一位僧侣的文件，却记载着1377年时纸牌在瑞士已非常风行了……近年来，由于中外文化交流的日益频繁，桥牌最初起源于中国唐代的“叶子戏”这一观点，已被越来越多的中外学者所接受。

其主要是从“叶子戏”和牌的形制和打法一致上来断定的：

中国的“叶子戏”以天文历法为基准，牌分四类，“以象四时”，西方的桥牌也有类似说法，四种花色象征一年中春夏秋冬四季。西方桥牌共52张，而“叶子戏”在明代就已经明确分为40张了，清代则产生了60张一副，四人共打的纸牌样式。

它们的方法是依次抓牌，40张为四人各抓8张，余8张为“中营”；60张为每人抓10张，余20张另人掌握着，依次递分给在局者。1～8或1～10，这基数和西方桥牌是一样的。玩“叶子”，是“大可以提小”，标明万万贯、千万贯等依次类推的叶子遵循“万胜千,千胜百,百胜钱”的规则，这也是西方桥牌最一般的玩法。

特别是斗叶儿时，唤作“发张”，以大小较胜负，牌未出时都反扣着，不让他人看见，出叶儿后，一律仰放，斗者以所仰之叶测未出之叶，以施斡运，这简直是和桥牌的打法相差无几了。至于“叶子”与桥牌的图像，都是以人物形象为主。形状，“叶子”与桥牌均为长方形……总之，从门类、张数、花色及对牌义的解释来看，“叶子戏”和桥牌都是非常相像的。

倘若追溯这一惊人的相似之处的源头的话，则要从中国的唐代说起。因为目前国内外所能看到的最早的纸牌的前身“叶子戏”的记载，即人们都非常熟悉的那条史料，出自唐人苏鹗《同昌公主传》：

> 韦氏诸宗，好为叶子戏。夜则公主以红琉璃盛光珠，令僧祁捧之堂中，而光明如昼焉。

为了玩“叶子戏”，公主竟让人掌上珍贵的“夜明珠”来照明，以通宵酣作，这反映出“叶子戏”是相当吸引人的。在唐代以后的郑樵所编的《通志略》中，还有四种“叶子戏”著录，其中《击蒙小叶子格一卷》，注明为唐五代李煜妃子周氏所撰。这确凿地表明“叶子戏”在唐代中后期有很大魅力，也是很时髦的。

唐代“叶子”的真面目究竟怎样？欧阳修在《归田录》中曾认为：唐代书籍用卷轴展示不易，人们便用纸制为叶子状，上书以备检用的称谓、提要等。可以说最初的“叶子戏”即以此为源头。既然可以在纸叶上写上文字，怎么不可以绘以图形？从中国最早的雕版印刷品——唐咸通九年（868）《金刚经》卷首扉画、唐五代后晋开运四年（947）曹元忠所印《大圣毗沙门天王像》来看，它们都印刷得十分精美，或侧面配以文字，或下面配以文字。这样的一页雕版印纸，可以看作“叶子”的面目，也就是说在麻纸上印上图像，印上文字，分为一叶一叶，可充作纸牌玩赏娱乐。

“叶子”在唐代是否传向外国呢？有一个值得注意的现象，那就是唐咸通九年（868），日本高僧宗睿返回故乡时，带回去中国经卷、历书、字书、韵书134部，这就使我们有理由作出这样的推断：有图文的“叶子”，作为中国雕版印刷品的一种，极有可能在这个历史阶段就开始传向海外了。

到了南宋，在临安都城的市场上，有专门出售“扇牌儿”即纸牌的店铺，如西湖老人《繁胜录》所记的“行市”中就有这一行当，可见纸牌在南宋众多的娱乐玩具中已是有相当可观的独立地位。在技艺节目中，有艺人竟将猴子训练成为“斗叶猢狲”，为观众表演。在饮食中，也有了“斗叶”食品，而且多在年终向市民推荐的“消夜果儿”中出现。若不是“叶子戏”十分普及，显然不会有这样的社会行为。

但是，宋代“叶子戏”的具体物象，不甚明了，我们只从《说郛》得知，有一种与饮酒联系密切的“叶子戏”，那是曹继善的“安雅堂觥律”，其中有叶子 119 张，即觥赞 1 张，觥例 5 张，觥纲 5 张，觥律 108 张。叶子均采录古代善饮或嗜酒者，每张叶子用一首五言绝句概括这个掌故，以一句话作结，终写罚酒、饮酒法。用作者的话来说：“以叶子行觞，欢场雅事也。”



《宋史·艺文志》中还有几部“叶子戏”的著作，它们是：《叶子格》三卷，《偏金叶子格》一卷，《小叶子例》一卷。这标示着宋代的“叶子戏”的打法已有多种。《辽史·穆宗本纪》就记录穆宗与群臣玩“叶格戏”，可见宋代“叶子戏”影响之大，可惜的是遗存的史料十分寥寥。

元代，由于蒙古的西征，疆域扩大到了欧洲，这大约是纸牌传入欧洲的时刻。笨重的火枪都是由元人在这时传入欧洲的，更何况随身便可携带的数十张纸牌呢？拉施特《史集》就记述了远征欧洲的蒙古人是非常奢侈于娱乐的，他们每到一地，都要玩上几个时辰，消磨时光，玩纸牌自娱是最合适不过了。

但是，意大利学者却认为是威尼斯商人在漫漫旅途中，为了排遣寂寞而发明了纸牌。这一主张恰恰可以成为来到中国的马可·波罗，或去欧洲的中国人将纸牌带往意大利的一个证明，而不是相反。法国著名东方学者莱麦撒就曾说过：

**欧洲人最初玩的纸牌，其形状、图式大小及数目，皆与中国人所用者相同，或亦为蒙古输入欧洲者。**

史实表明，当时的欧洲印刷条件还不具备大量印制纸牌来娱乐的程度。直到14世纪末，欧洲才有印刷所。在此之前，欧洲所出现的纸牌只能是从中国传去的。是纸牌的传入，推动了欧洲印刷业的产生。现在发现最早的欧洲雕版印刷品是一幅刊明为1423年的圣克利斯多夫像，图像下面也附有文字，这和中国上有图像下有文字的印刷品完全相同，以此也可推断，欧洲最初的纸牌也是这个样子的。

宋元时期的“叶子戏”，至今未有史料来证明它的打法是什么样的。李清照的“打马”或可算是“叶子戏”的一种变异？据传后来的“宣和牌”打法倒是和“叶子戏”打法相像，但那是后人整理的。到了明代，“叶子戏”的面貌才逐渐在人们的眼前清晰起来。首先是在形制上：

新疆的吐鲁番，曾发现过一张明代初期的纸牌，呈狭长形，绘有穿着

新疆吐鲁番发现的这张纸牌，有力地证实了中国纸牌的源远流长

盔甲的武将形象，上印有“管换”，下印有“贺造”字样。“管换”、“贺造”是当时印制纸牌者的生意经，是为了扩大纸牌的销售所精心设计的词句。当然，这一纸牌并不一定是明代的纸牌，很可能是明代以前“叶子戏”中的一件，它有力地证实了中国纸牌的源远流长。况且，吐鲁番早在秦汉时期，就是中国通往西域的一条必经之路，从这里，中国纸牌被传向西方是不必多加解说就可明了的。

最为主要的是，这张纸牌上所印着盔甲的武将形象，与纸牌游戏定型后的武将形象十分接近，这是目前能见到的世界历史上第一次出现的纸牌的具体物像。验之明代的“叶子戏”，一个显著特征是纸牌上绘有了宋代水泊梁山起义的宋江、武松、李逵、史进等人形象，他们都是威风凛凛的武将。



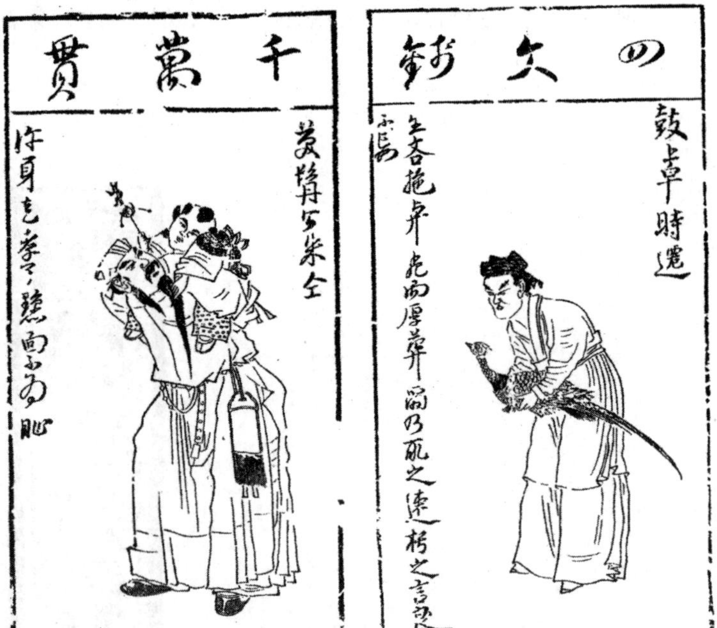


明陈老莲绘《水浒叶子》

有人解释说：叶子上之所以画上水浒豪杰，是寄寓了好赌而负，必去为匪；胜也侥幸，必同盗贼的深意。这或许可备纸牌释义之一说？依笔者之见，绘画与雕印，是在当时历史条件下，“叶子戏”可以选择的最佳样式。据周亮工《因树屋书影》说：在明末清初，叶子不仅有作古将相图的，还有作美人图，作甲第图的，还有分鸟、兽、虫、鱼门类图形的，这就使“叶子戏”更具观赏性，更吸引人。

更吸引人处，还在于自明代以来的“叶子戏”打法已具“角智争新”性质。如这时“叶子戏”中的一种“马吊”牌的打法：

四十叶为一具，一叶为一种，分四门，自相统辖。打时，四人入座，人各八叶，以大击小而现出色样，其余八叶冲出色样，出奇制胜，变化无穷。四门最尊者是“赏”，次为“肩”，最小者为“极”。“赏”、“肩”、“极”上桌，皆可配成色样。色样有大小，名称有很多，但唯有“马吊”最为韵事，入局者气静声和，无容争竞，所以又叫“无声落叶”，特别引得士大夫的喜爱。

打“马吊”充满了智慧机巧，龙犹云（即冯梦龙）《牌经十三篇》认为：

> 凡牌在人手，虽不闻不见，可以意示之。示小者流多长，用大者道每短，灭疾者牌必丑，捉急者门必狭。可擒而故纵者饵也，可纵而故擒者狠也，饵则速图，狠当徐守。藏盈而出虚者，桩家之巧也，弃少而用多者，散家之常也。先大后小者求也，先小后大者探也，得本惹生多应通路，独行无继须识关门……

正因如此，“马吊”在明代，使许多人如痴若狂，穷日累夜地玩，金钱乘机也渗透其中。冯梦龙就曾专作《纸牌》民歌说：“纸牌儿，你有万贯的钱和钞。我舍着十士门，百子辈，与你一路相交。”“马吊”之盛原因于此可见。

为了应付日益迫切的需要，明代问世了大批的“叶子戏”著述，比较著名的专门著作有潘之恒的《叶子谱》《续叶子谱》《六博谱》，汪道昆的《数钱叶谱》，黎遂球的《运掌经》，王良枢的《诗牌谱》等。

至清代，“叶子戏”更为鼎盛，各种分支纷纷出现，如“斗虎”、“红楼叶戏”、“诗牌”，但最为普遍和最有代表性的仍推“马吊”，这可从设立于城乡之间的“马吊馆”见其端详，清代酌元亭主人《照世杯》中就记有这种非常专业化的“马吊馆”情形：



见厅中间一个高台上面，坐着戴方巾穿大红鞋的先生，供桌上将那四十张牌铺满一桌，台下无数听讲的弟子，两行摆班坐着，就像讲

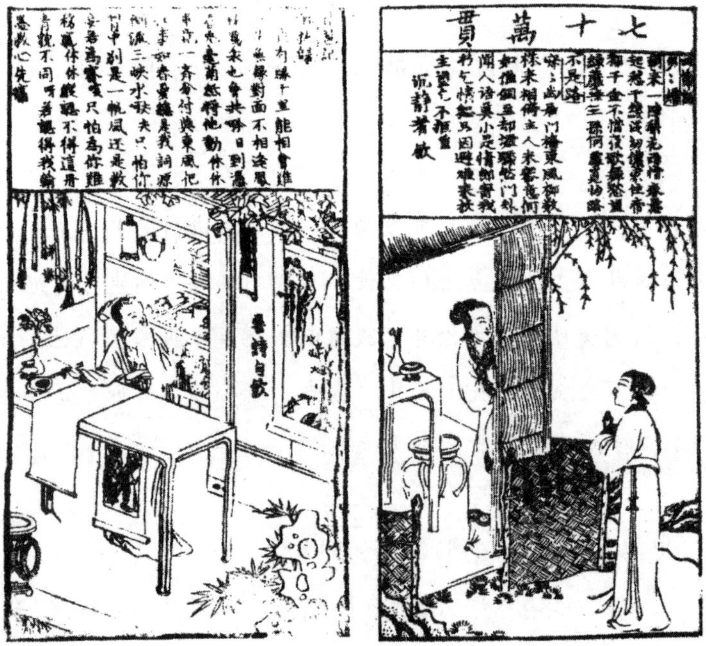


明代戏曲叶子

经的法师一般。

那先生将手指着桌上的牌说道：“这牌在古时原叫叶子对，有两人斗的，有三人斗的。其中闹江、打海、上楼、斗蛤、打老虎、看豹，名色不同。惟有马吊必用四人，所以按四方之象，四人手执八张，所以配八卦之数。以三家而攻一家，意主合从；以一家而赢三家，意主并吞。此制马吊之来历也。若来不打过桩，不打连张，则谓之仁；逢桩必提，有千必挂，则谓之义；发牌有序，殿牌不乱，则谓之礼；留张方贺，现趣图冲，则谓之智；不可急提，必发还张，则谓之信。此运动马吊之学问也。”

这篇小说还交代了打“马吊”的一些要领，如“分牌之敏捷不错，出牌之变化奇幻，打牌之斟酌有方，留牌之审时度势”等。作者还描写了一

清吴友如绘《海上百艳图·作叶子戏》

位听众：

> 只道马吊是个戏局，听了吊师的议论，才晓得马吊内有如此大道理，比做文章精微，不觉动了一个执贽从游之意……

这些都表明了“马吊”的魅力。可是清代的“马吊”在更多的意义上却陷入了赌博的旋涡，正像钱泳《履园丛话》指出的：上自公卿大夫，下至百姓徒隶，以及绣房闺阁之人，莫不好赌。许多人为打“马吊”而倾家荡产，这是“叶子戏”最初发展所始料不及的。

# “汉文化圈”的交流

中国周边的国家，主要如日本、越南、朝鲜等国，它们与中国一衣带水、比邻而居，形成了一个地理单元。由于古代中国是世界文明的发祥地之一，她以璀璨的文化照耀于世，这自然给近在肘腋的诸国以极大的影响，如汉字、儒学、陶器、历法，甚至连吃喝玩乐的方式，都引起了这些周边国家如醉如痴的效仿和吸收。

如清代浙江湖州有一巨富，为遣兴而听从一人的献计，选三十二俊童，布于堂室四角。即日邀某公子对弈，公子见而大喜。其行棋之法，欲行何子，只一开口，其人即至何处，不须举手之劳，而布局之妙动合自然，局终为之拍手称快……

谁知这种“下活棋”的样式，却被越南人原封不动地“引进”。据清代李文泰《海山诗屋诗话》云：越南人所下棋即象棋，下棋时，必于树林阴翳之地，广可数丈，乃展一局，选男女各 16 人，皆韶年艳服，各执一牌，牌上大书“车”、“马”、“炮”等字，使对立其位，以男女分黑白子。下棋者各高坐，令侍者传呼某子行某度，某子即应声而进。若被弹之子，则执牌出局。当时的郑活源，就是以此情景写下了《观安南人下象棋》的诗句：“男儿将士女儿兵，车马驰驱却有声。”

这就是学者们称之为“汉文化圈”的交流现象。在这个“汉文化圈”里，有许多事物都是以汉文化为主体交流的，清代越南人“下活象棋”，便是这种交流的一个成果。但是必须看到，这种交流并非单一的，而是双向的，可以说是同源异流、相承相异的。

如南亚各国向中国“进象”这一事例就很典型：它的源头可追溯到汉武帝时代，自此之后，史不绝书，至清代余韵仍在回响。专家仅对乾隆时期进行统计，南亚各国向中国“进象”次数就多达 17 次，驯象总共达 50 多头。这些大象的情况，在清代《燕京杂记》中记述较详：

它们是由泰国、越南等国贡赠而来的，安置在宣武门内的“驯象所”，大象的主要活动是在南北郊及祈谷雩祭大典时，驮祭器，驾辂车出行，充卤簿之职。平时大象主要充当朝贺的仪仗，朝贺钟声一响，大象即按部就班，分相对两列，凛然肃立。待文武百官入毕，它们互相交鼻为障，便无有敢逾进者了。正因为大象担负着朝廷仪仗的庄严职位，所以它们也似朝



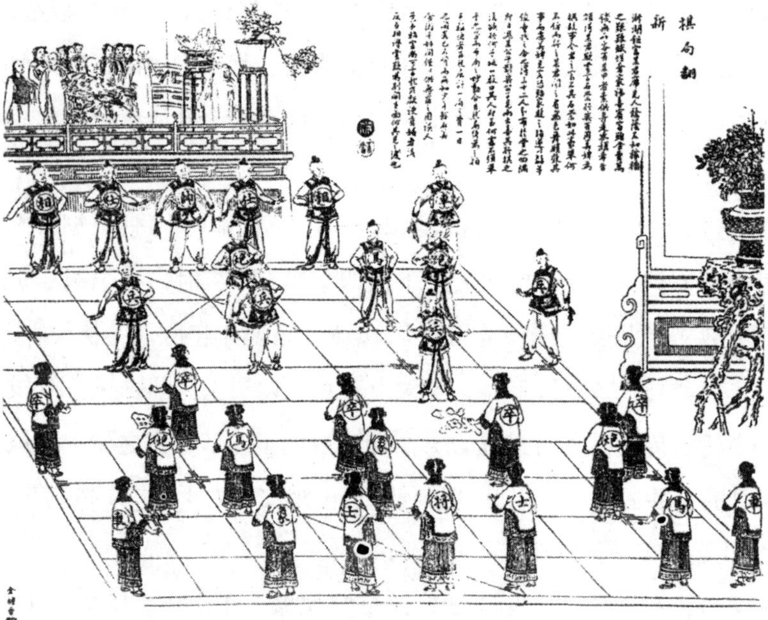




《点石斋画报·棋局翻新》

廷命官一样食国家俸禄，有的大象历经几代帝王，可至大将军一品爵禄。清统治者将这些外国贡献的大象视为“国宝”，格外珍爱，老百姓们则将它们视为“有太平之征”的吉祥物。

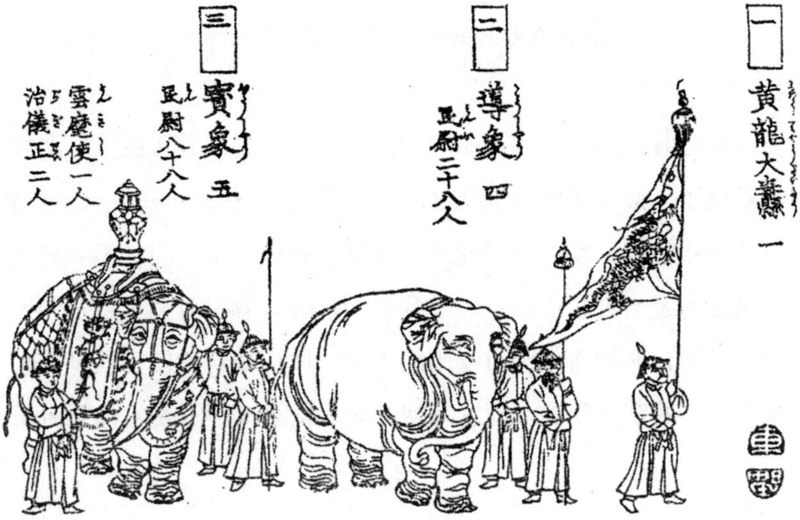


被视为“国宝”的大象

尤其是在清代北京的六月，时值人畜洗浴的“天贶节”，朝廷为了显示四海清平的气象，往往在此时举行“洗象”仪式。每逢初伏，即六月初六，整个北京城都沸腾起来了——在通往宣武门西的“洗象”城壕处，食货络绎，游骑纷沓，百戏如云，车辆似阵……这正像《燕台口号一百首》等诗说的那样：“年年初伏车增价”，“雕鞍宝毂如流水”，“天街簇拥行人疾”，“士女倾城御河上”，“葛衣纱褶新兴样，穿往河边看象牙”。许多文人墨客，乘机施展才情，争赋看“洗象”的盛景，其中以大学士王士禛所作的“竹枝词”最为脍炙人口：“玉水轻阴夹绿槐，香车笋轿锦成堆。千钱更赁楼窗坐，都为河边洗象来。”再如方朔《洗象行》：

壮哉雄物此大观，立地平山掩一线。

红旗摇曳征鼓鸣，摧颓蹴踏驱之行。
泥深水浅足力重，陡然潮涨东西平。
一蛮奴跨方腾赶，众蛮奴搏浑浆跃。
雨作涛翻十丈飞，何处蛟鼍掀大壑？
前者未起后者趋，水中岸上交欢呼。

在这些诗中，“洗象”场面跃然纸上，但这毕竟不同于图画。清代画家顾月洲就画了一幅《年例洗象》图，布之于《点石斋画报》上，它与“洗象”诗歌互相映照，堪称清代北京“洗象”的最为生动的笔墨。其实，说穿了，这是清统治者文化心态的一种观照。因为清统治者一向以“天朝声威赫赫”自居，他们将外国贡赠来的大象，作为朝廷仪仗，就是一种“万邦皆备于我”的观念使然。而这种使外来大象融入中国文化体系所采取的

《点石斋画报·年例洗象》

每年“洗象”的做法，可谓巧妙极了。

可惜的是，顾月洲的洗象图只给予我们“洗象”的直观印象。是不是将象赶入水中冲冲就算是“洗象”？如何“洗象”？我们仍不能得知。在笔者的研究视野中，日本文化二年（相当于清嘉庆七年）由冈田玉山等人编绘的《唐土名胜图会》中的“洗象”图画，可以使我们了解到清代“洗象”的全貌。

冈田玉山等人勾画出了“洗象”的工具。它们是：笛、校、橛、耳钩、笮、叉、㨲、颈索。并加以注明：“笛”和“校”均为牛角制作，“笛”是吹发音令象进退的，“校”是缠象脚以制象乱动的。“橛”是立于河中缚象用的一大粗木。“耳钩”为铜制，长四寸余，因象耳广垂如荷叶，挂钩系之而洗。“笮”为洗象的竹刷，大约如董元恺《都门洗象词》所说的“双帚缚

洗象图

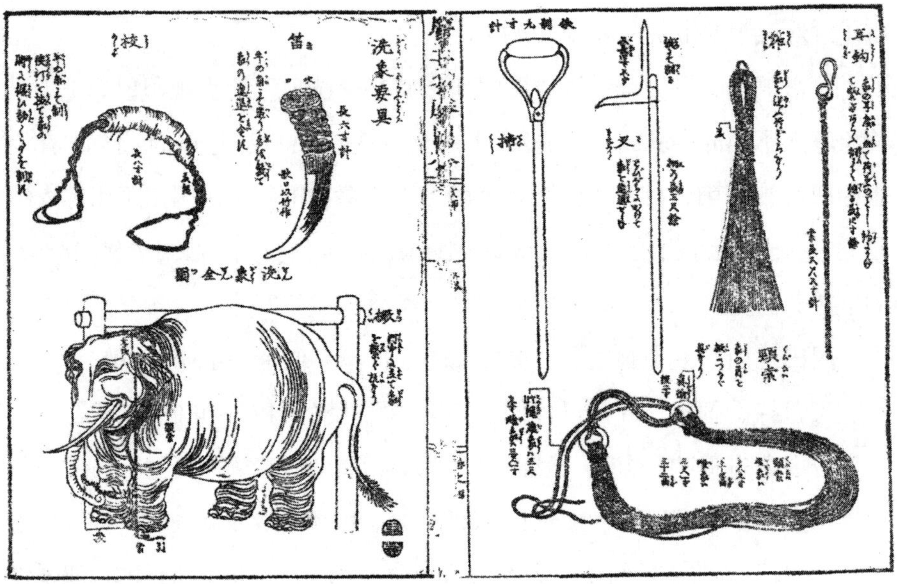


洗象工具

来洗刷”一般。“叉”长四寸五分，柄长三尺余，为铁制，是以叉口推象进退。“揥”九寸许，铁制，其状似滚筒。笔者理解，“揥”为洗涤象身垢物、搔痒用的。“颈索”，是缚象头于橛用。雄象颈索三尺九寸，四十四曲，雌象三尺一寸，三十二曲。颈索上有径两寸的铜环。

冈田玉山等日本画家细致入微地描绘了用什么样的工具“洗象”，使如何“洗象”在人们眼前清晰起来，从而也填补了中国历史典籍中“洗象”的一个空白，因为在清代典籍中缺乏这种用工具“洗象”的具体记载。这正是许多中国的事物在日本赖以继承的一证。有道是“礼失而求诸野”，“汉文化圈”虽以汉文化为主体，但并不意味着中国在这个圈子里可以独尊，许多事源出于华夏，传入异邦，是异邦加以妥善地保存。应该说“汉文化圈”内这种交流，是循环往复，相互促进的，日本的文化根在中国，可日本人民通过交流，又加以变化，推陈出新，反过来影响中国，这从日本刀传入中国的史实中也鲜明可见：

北宋的欧阳修，曾写过一首《日本刀歌》，但司马光也写过一首《和君倚日本刀歌》，笔者将这两首诗对照，发现除个别词句不同外，其余完全一致。他们在诗中均这样说道：

宝刀近出日本国，越贾得之沧海东。
鱼皮装贴香木鞘，黄白闲杂鍮与铜。
百金传入好事手，佩服可以禳妖凶。

在他们之前，梅尧臣曾有一首《钱君倚学士日本刀》诗，诗中说道：

日本大刀色青荧，鱼皮帖把沙点星。
东胡腰鞘过沧海，船帆落越栖湾汀。
卖珠入市尽明月，解绦换酒琉璃瓶。
当垆重货不重宝，满贯穿铜去求好。
会稽上吏新得名，始将传玩恨不早。
归来天禄示朋游，光芒曾射扶桑岛。
坐中烛明魑魅遁，吕虔不见王祥老。
古者文事必武备，今人褒衣何足道。
干将太阿世上无，拂拭共观休懊恼。

梅尧臣、欧阳修、司马光，都是朝廷重臣，见多识广，加之他们所处的时期科技昌明，可是他们却对日本刀发出由衷的赞叹，如欧阳修、司马光所说："传闻其国居大岛，土壤沃饶风俗好。百工五种与之居，至今器玩皆精巧。"日本刀的质量上乘可以想见。

从历史典籍看，日本的冶金及制刀剑技术，是由中国传入的。可是日本却长期钻研，对制作刀剑加以变化，终于创造出了当时“汉文化圈”中最为精良的刀剑来。宋代的诗歌反映出了这一点。明清以来，这种交流的现象更为突出。据专家统计，明清时期日本输入中国的刀多达数十万把，《东西洋考》中就记录了当时的中国人多买日本刀，就是因为它“精者能卷之使圆，盖百炼而绕指也”。如嘉靖时，胡宗宪就曾得到一把软倭刀，“长七尺，出鞘地上卷之，诘曲如盘蛇，舒之则劲自若”。日本刀的制作水平是远远超过中国刀的。

正像明末清初屈大均《广东新语》所说：日本刀甚锋利，“光芒炫目，犀利逼人，切玉若泥，吹芒断毛发，久若发硎，不折不缺”。由于日本刀具备这样好的质地，所以明代的兵器中比较重要的长刀、腰刀等，均仿日本刀制作，呈现出前代所无的新式刀制的模样。这种刀长其刃而短其杆，与旧式长杆短刃的长刀及大刀形制相反，其效能较大，可用猛力砍劈，折断敌人长兵器的柄，或削断砍损敌人兵器的刃，进而砍断敌人的身体。



这种仿造日本刀的做法，以名将戚继光在《纪效新书》中的论述最有代表性：

> 此自倭犯中国始有之。彼以此跳舞光闪前，我兵已夺气矣。倭喜跃，一迸足则丈余，刀长五尺，则大五尺矣。我兵短器难接，长器不捷，遭之者身多两断，缘器利而双手使用，力重故也。今如独用则无卫，惟鸟铳手贼远发铳，贼至近身，再无他器可以攻刺。如兼杀器，则铳重药子又多，势所不能。惟此刀轻而且长，可以兼用，以备临身弃铳用此，况有杀手当锋，故用长刀备之耳。

戚继光对日本刀的分析是很中肯的，因此他所统率的部队也都装备了这种仿日本刀样式的长刀，在以短兵相接见长的“藤牌兵”的基本作战方式中，如“懒扎衣势”、“斜行势”、“仙人指路势”、“滚牌势”、“跃步势”、

明代中国军刀运用日本刀之样式



“金鸡畔头势”、“埋伏势”等，这种由日本刀变化而来的长刀，在与倭寇交锋时，发挥了所向披靡的威力。

在优良的日本刀面前，中国不得不向日本学习，而一旦中国掌握了这种器具并推广开来，中国又将以中国样式、中国气派征服于“汉文化圈”，立于世界之林，这已成为“汉文化圈”中的一个规律，即人们常说的反馈与反反馈。

宋代真宗时期（998 ~ 1022），中国从越南中部广南一带，引入耐旱的只需 60 天就能成熟的占城稻，浙江一带就以“占城早”“六十日”而传扬，以至很长时间人们普遍认为中国早熟水稻是受越南传入的占城稻影响，可史实上这种早熟稻，却是从中国浙江余姚河姆渡传到越南的，然后又由越南再传回中国。

又如，中国宋代以前唯用团扇，元初时东南使者持聚头扇，人都讥笑。从明代永乐年间始，日本送来他们学习中国制作的折扇，中国又加以仿效，很快全国就通用这种扇子了。另外，中国虽以漆器制作长久而又精致著称，但缺乏泥金画漆之法，明代宣德时期，中国特派漆工到日本，学到其法归来……

类似这样的事例，不胜枚举。从“贡象”到“洗象”，从中国刀剑制作技术传入日本，又从日本传来其制作的“宝刀”，中国又加以变化、使用，“汉文化圈”这一系列的交流，都交织着中国与周边的国家如越南、日本、朝鲜等国人民的智慧和心血，它们已成为宝贵的、共同的财富，需要好好汲取和发扬。

# 货殖撷趣

货栈、铺席，钱币、贸易……看去烦琐平常，然亦多姿多彩，其中蕴含着非常丰富的智慧……

# 鬼市子

每一个时代都有每一个时代的经济用语，名称各异，但细细考察，都可从中窥见当时经济发展的状况及其特殊之点，“鬼市子”便是一例。“鬼市子”出自《东京梦华录》卷二《潘楼东街巷》条：

> 潘楼东去十字街，谓之土市子，又谓之竹竿市。又东十字大街，曰从行裹角茶坊，每五更点灯博易，买卖衣物、图画、花环、领抹之类，至晓即散，谓之鬼市子。

同书同卷《东角楼街巷》条亦载：

> 以东街北曰潘楼酒店，其下每日自五更市合，买卖衣物书画，珍玩犀玉，至平明羊头、肚肺、赤白腰子、奶房、肚胘、鹑兔鸠鸽野味，螃蟹、蛤蜊之类讫，方有诸手作人上市，买卖零碎作料。

这两条史料告诉我们，所谓“鬼市子”，就是清早以衣服、古董为主要买卖的市场，附属于它的还有出售食物的小市。但为何市场冠之于鬼名？寓意是什么？《东京梦华录》则语焉不详。考之宋代典籍，南宋赵汝适《诸蕃志》有一说明：

西海中有市，客主同和。我往则彼去，彼来则我归。卖者陈之于前，买者酬之于后。皆以其直置诸物旁，待领直，然后收物，名曰鬼市。

赵汝适所言“西海”，为今日叙利亚等地，其货易方式自是阿拉伯民俗无疑。据此看来，“鬼市子”似乎还是舶来品，可明掌故家谢肇淛在《五杂俎》中却作了这样一番考究：



务本坊西门有鬼市，冬夜尝闻卖干柴声，是鬼自为市也。《番禺杂记》：“海边时有鬼市，半夜而合，鸡鸣而散。人与交易，多得异物。”又济渎庙神与人交易，以契券投池中，金辄如数浮出，牛马百物皆可

《海上百艳图·古物出土》

《海上百艳图·濬渠得玉》



> 假借。赵州廉颇墓亦然，是鬼与人市也。秦始皇作地市，令生人不得欺死人，是人与鬼市也。

谢肇淛的说法，不乏荒诞成分，说穿了，它不过是早市买卖的一种景象，之所以呼为“鬼”，首先与清早曦光微露，朦朦胧胧的氛围有关系。宋代《丁晋公谈录》云：徐铉在寒冬上早朝，看见待漏院前有灯火人物，卖肝夹粉粥者，来往喧杂，此又为一证。而且这种买卖一到日出则散去，是有点鬼味。

委心子《新编分门古今类事》则记：北宋治平年间，东京甘泉坊有一妇人，每天一大早就肩负着旧衣到市场上出售。一林文叔者，贫苦无衣，这位妇人便赠衣给他。两人日久生情，结为伉俪，后生一子，这位妇人化为鬼与林文叔诀别了……

《海上百艳图·乐陵旧迹》



委心子说的这妇人，无疑是在“鬼市子”上卖旧衣，委心子又将她描绘为鬼，这大约是为了和“鬼市子”吻合或作一依据吧？魏泰《东轩笔录》记欧阳修曾说过——

在汉江野岸中，一天晚上，他听见歌笑语言，男女老幼特别多，其中就有交易评议及叫卖果饵之声，好像市井似的，待天亮了才停止。第二天，欧阳修走上岸去，远望有一城基，一问才知是古代隋朝的城市。

金代元好问在《续夷坚志》中又作“鬼市”说：阳武的裴择之翰林，六七岁时，曾发生过这样一件事：

以大父马上抱往县东北庄，至外壕，见门南北有市集，人物皆二尺许，男女老幼，吏卒僧道，穰穰往来，市人买卖负担，驴驮车载，无所不有。以告其大父，大父以为妄，不之信也。盖三四至其处，亦皆见之。此与吕氏《碣石录》记“武平周鼎童时村居，一日，县人市集，鼎骑长耳，从父入市，时地色微，辨见道旁两列皆佛像，闭目不敢视，开目又不见”，两事大相类，但佛像之多何也？

这类说法，显见是汉唐以来志怪小说的神韵，无非是好事者和爱听“平话”等通俗文艺的百姓的消遣，是“鬼市子”的一种变异。最主要的是，作为限定买卖古董、衣服的“鬼市子”，由于商品特殊，自然而然就罩上了一层神秘的面纱。更何况宋代商品的发达，已经为“鬼市子”制造了这样的机缘：



北宋开国之初，东京有一“何楼”，在“何楼”下面所出卖的物品都是假货。以后“何楼”因故废坏了，可是“何楼”之语却流传下来了。其源就在于造假作伪不绝，可以达到有一真物，便有一假物，甚至时间一久，只知有伪者而不知有其真者。

就像史学家评价宋代这种假货市场所说：有以伪易真者，至以纸为衣，以铜铅为银，以土木为香药，变换如神，谓之“白日鬼”。在这样的大潮冲刷下，“鬼市子”的虚伪和欺诈自不待言。宋代陈纂《葆光录》所记的“俊鬼子”一事就是这样的典型：

一军人早出，见一独足者卧桥栏上，军人少壮无惧，将此人抱起，那人是鬼，要求军人放他，可给予报酬。后来此鬼差人送给军人一银盏。军人妻子认为不能用神灵物品，便让军人卖掉银盏，买酒肉祭祀。祭毕，军人向妻子说：其盏像家中银盏的模样，莫不是偷我们的吗？一看，果然如此……

在清早出现的“俊鬼子”，赠军人的银盏是偷来的，军人又将这偷来的银盏在市场上卖掉，这都是当时“鬼市子”曲折而又真实的写照。而且早市上的许多商贩，也是在“鬼市子”上讨生活的。由早市而“鬼市子”，由“鬼市子”而早市，编织出了一个又一个令人惊异的故事，不失为我们对

"鬼市子"的一个观察点。洪迈《夷坚三志·巳卷》记述道：

临安一位专赶早市卖熟肉的孙三，他每早出门，都要嘱咐妻子看好自家养的猫，这引起了邻居的注意。一天，那只猫突然跑出家门，邻居见这只猫周身深红，无不叹羡。孙三卖肉回来，知道猫被邻居看见，便痛打了妻子。此事渐渐传到宫廷一内侍耳中，内侍派人用高价来收买这只珍贵的"深红猫"，孙三加以拒绝，但内侍求之特别迫切，竟用300千钱买走。内侍想将此猫调驯安帖后，进贡给皇帝，可才过半月，"深红猫"便色泽渐淡，全成白猫了。内侍便去找孙三，可孙三已迁居了。

原来这只猫是孙三用染马缨绋之法，染成深红色专骗人来买的。这是作为赶早市的商贩孙三，精熟于"鬼市子"骗术的一个杰作，这也是宋代"鬼市子"的一个注脚。

正如中外史学家所认为的那样，宋代开启了中国近世社会生活的先河，给予近世社会影响很大的诸方面中，就有"鬼市子"。我们在清代仍可找到宋代"鬼市子"的影子。如宋代的"鬼市子"是有限定意义的，它主要是点灯买卖，主要物品是衣服、图画、花环、领抹之类的古董，这种经营范围，直到清代仍然如此。《都门赘语南小市》诗，可从一个方面证实：

凌晨万货集朋侪，灿灿衣裘列岸排。
可笑蝇营成晓市，三竿日上腾空街。

从总的倾向来看，清代北京的"鬼市子"，一向也是以买卖古董、衣服等小件货为中心。《旧都文物略》曾这样述说清代北京的"鬼市子"：

每值鸡鸣，买卖者率集合于斯以交易焉。售品半为古董，半系旧货，新者绝不加入，以其交易皆集于清晨，因名"晓市"，或谓"鬼市"，亦喻其作夜交易耳。俗呼"小市"，误。旧传此项市场，非官设，缘有世家中落，思以动产易米柴之资，复耻为人见，因于凌晨，提携旧杂物，至僻处兜售，遂相沿成市。

清代北京“鬼市子”，有三处，一处在崇文门外东大市，一处在德胜门外桥东北河沿上，一处为西小市，在宣武门外。《京华百二竹枝词注》记此处：

摆摊售卖故物，色色俱备，真赝杂陈，入其中者，极宜留心察视。黎明交易，早九点收市，世俗或呼“鬼市”。



在清代北京，还有一种“穷汉市”，也可归之于“鬼市子”。《燕京杂记》云：“穷困小民，日在道上所拾烂布溷纸，于五更垂尽时，往此鬻之，天乍曙即散去也。”

由于有旧货因素，“鬼市子”的成分很复杂，《芝音阁杂记》曾记纪晓岚的一杆能装三四两烟的大烟枪丢失，纪吩咐手下不要急虑，到“东小市”即崇文门外“鬼市子”上就能找到。果然，第二天仆人便以非常便宜的价格从“鬼市子”上购回了这支烟枪。

仅一事就可知“鬼市子”上许多货物来历不明，故许多人又直呼它为“黑市”。《谈麈》可证：都门骡马市一带，黎明时地摊甚夥，物之好丑不一，谓之“黑市”。《道光都门纪略》又证：黑市在虎坊桥一带，无物不有，黎明即散。《妙香室丛话》再证：京师黑市，大抵鼠窃辈，诈伪百出，贪贱购觅，往往被绐，亦间有获厚利者。所以有人写了《都门杂咏小市》这样的诗：

夜方五鼓未啼鸦，小市人多乱似麻。

贱价买来偷盗物，牵连难免到官衙。

又据《清稗类钞》《旧京琐记》所言“鬼市子”上的交易：

以其不燃灯烛，全凭暗中摸索，议价互用手握手于袖中示意。物既合购者意思，可随便酬值。物品真者少，赝者多；优者少，劣者多。虽说是贸易，实际是作伪，像皮衣糟朽了，便用纸或布贴裱好出卖，所以有人用数十金买到的却是一件坏衣服。可好小利者却仍纷纷趋之，因真有以数百钱而买到貂裘的。究其原因，都是因夜盗夜售，卖者买者，都没有详细地审查其物。

方朔《金台游学草·晓市》诗，较为传神地描绘出了“鬼市子”的这种情态：

买原典者先看工，此里彼面验须重。
面坏如染原可庸，最难皮版早蛀虫。
亦有新材裁已终，价值号减花难从。
快意小家叟与童，百钱便可风帽缝。
零落剩下鞣成弓，所怕衣边紧黏封。
用银用票看人容，有时徒表亦为蒙。
众中曾见无事翁，循环上下冀有逢。
问之不答如痴聋，传说每日皆不慵。

由于“鬼市子”所具备的这样的欺骗性，“鬼市子”上的蒙诈花样是层出不穷的。晚清《诡秘奇闻录》就曾告诉我们：

一考生来北京参加科举考试，清晨进入“鬼市子”，发现一件羊皮袍，面上细纹如新，卖价四两银子。于是，他便买回，向同辈们炫耀。不想大家说：“你别高兴，京师骗术变幻莫测，你怎么就知道这不是冒牌货呢？”这位考生仔细一看，果然是用牛皮纸做的底，然后把毛粘在上面。他非常气愤，决意再以其法诈骗他人。第二天又入“鬼市子”，把那件假羊皮袍又

买皮袍受骗

以六两银子转卖给他人。归来后，他得意地大笑，同辈们又说："别太高兴了，鬼市子的骗术变幻又变幻，你怎么知道你得来的银子不是假的呢？"这位考生说："不至于吧。"但取出银子一检查，却是铅锭！

因此，作者得出结论认为："鬼市子"，"大抵各偷儿以所销赃，乘天将明时麇集僻处求售，黠者往往以贱价得珍物，然种种欺诈之术，亦由此出焉"。这一分析极是。清代梁绍壬《两般秋雨庵随笔》中《骨董鬼》又可印证：

在杭州，大众都将从事古董业者称为“鬼”。这是由于他们经常将赝作真，化贱为贵。以鬼蜮之谋，行鬼狐之技。还因其说彝器必商周，言砖瓦必秦汉，提字画必晋唐，丧志耗财，莫此为甚。而且，他们所卖的，都是前代手笔及从田野挖掘出来的物品，不是人器是鬼器，因此称从事古董业者为“鬼”。

以此说联系自宋代以来，买卖古董一直是“鬼市子”上的主要行当的史迹，不是名副其实吗?

# 商标·招幌·推销

中国的商标起于何时？目前史学界比较一致的看法是中国历史博物馆陈列的北宋山东济南“刘家功夫针铺”的“白兔儿”铜板，为中国最早的商标。

商标的出现，是商品经济高度发展的结果，也是由于鱼龙混杂，作伪商品频频出现，以致泛滥成灾的必然趋势。谢采伯《密斋笔记》曾云：高丽国所出席子卷舒轻柔，价钱昂贵，但因质量高不易买到，于是四明便造

中国最早的商标：济南刘家功夫针铺

假高丽席子供应市场。这种假高丽席子造得水晶般莹澈，招人喜爱。后来，又有江西上饶再造假席子，其水晶颜状竟至青色，足可乱真……

以假乱真的风气，迫使商贩们特别注意创造具有自己特色的商品标记和商品信誉。比如宋代东京城里靴店有这样的制靴者，在做好的靴子衬里放上一张纸条，上面写着由谁制造的字样。宋话本《勘皮靴单证二郎神》中这样描写道：

从一只靴子衬里搜出一张上面写有“宣和三年三月五日铺户任一郎造”字样的纸条来。为了对这一商标负责，任一郎家里特设一本“坐簿”，无论是官员府中定制的，或是使客往来带走的靴子，都在“坐簿”上写明。同时，在皮靴里面也有一张条，字号与“坐簿”上一样。“只消割开这靴，取出纸条儿来看，便知端的”。

在商品上标上制造者的名字，是为了表示自己所制物品与众不同，也是为了对消费者负责，这一做法确实为消费者带来极大的便利。像宋话本《碾玉观音》中崔宁所制玉观音，“下面碾着三字‘崔宁造’”，于是，官府按此找到碾玉匠崔宁。元杂剧《张孔目智勘魔合罗》中的张孔目，按着高山在其所制魔合罗上署有自己的名字作出了“魔合罗是你塑的，这高山是你的名讳”的判断，抓住了破李文道杀德昌一案的线索。

看来商标可为识别标志，然而，它不独如此，还是商品质量和信誉的化身。宋话本《志诚张主管》中有这样的场面：张胜没有了过日费用，他妈妈让他将屋上挂着的一个包袱取下来，打开看时，是个“花栲栳儿”。他妈对他说：“你如今依先做这道路，习爷的生意，卖些胭脂绒线。”张胜便在门前“挂着花栲栳为记”，开起了胭脂绒线铺。

所谓“花栲栳”，又作“栲栳”，它是用竹篾或柳条编制而成的圆形盛物器具。以“花栲栳”这一圆形盛物器具作商标，这是由于张胜的父亲善于经营，已使张家的花栲栳不同凡响，创出了牌子。所以张胜母亲敢于在张胜生活无着时，拿出这家传的商标，让张胜重新做胭脂绒线的买卖。

然而，想创出“花栲栲”这样的名牌商标，谈何容易。叶梦得《避暑录话》说：北宋名震一时的“潘谷墨”，之所以能赢得比别家的墨要黑的声誉，是因为有以下几个条件：

一、用料讲究，采用当时最为优良的高丽煤烧制墨。

二、注重信誉，从不以次充好。

三、技艺求精，《锦绣万花谷》便记载了其“隔锦囊知墨”的绝技。

四、见贤思齐，学习其他制墨者的长处。

正因如此，“潘谷墨”才成为名牌商品，也为内廷所收藏，以至有人得到几丸便当作宝贝秘藏起来。用现代语言来说，“潘谷墨”算是驰名商标了。

宋代的驰名商标又何止一个“潘谷墨”！仅从东京饮食行业观察，名牌食品就有“北食”：樊楼前李四家、段家熬物、石逢巴子；“南食”：李桥金

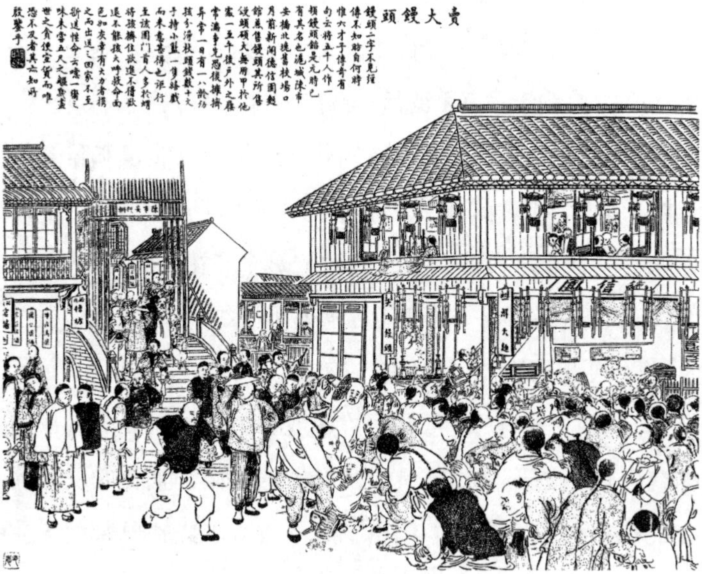


《海上百艳图·卖大馒头》

家、九曲子周家等。并且它们分门别类，如油饼、胡饼最好者是武成王庙前海州张家、皇建前院郑家；包子则有御廊西鹿家、五楼山洞梅花包子；馒头有孙好手、万家，如宋话本《宋四公大闹禁魂张》所写：

只见汴河岸上，有个馒头店。门前一个妇女，玉井栏手巾勒着腰，叫道："客长，吃馒头点心去。"门前牌儿上写着："本行侯家，上等馒头点心。"

羹则有史家瓠羹店、贾家瓠羹店、徐家瓠羹店、马铛家羹店。特别是以周待诏命名的瓠羹，126钱一份，充分显示了名牌食品商标的价值。果子制作则以梁门里李和炒栗名闻四方，因为加工讲究，他人效仿终不可及，所以陆游将之作为著名商品录入《老学庵笔记》。

这种传统，一直延续到南宋临安，以至时人认为："大抵都下买物，多趋名家驰誉者。"如宋话本《白娘子永镇雷峰塔》中的许宣遇雨。在三桥街向开生药铺的李将仕借把伞用。店中老陈遵照主人之命将伞递给许宣，特嘱咐道：

小乙官，这伞是清湖八字桥老实舒家做的，八十四骨，紫竹柄的好伞，不曾有一些儿破，将去休坏了！仔细！仔细！

市民对名牌商标的推崇由此可窥。

《梦粱录》也记录了当时市民所钟情的各式各样的名牌店铺，如陈家彩帛铺、舒家纸扎铺、童家柏烛铺、凌家刷牙铺、孔家头巾铺、徐茂之家扇子铺、徐官人幞头铺、钮家腰带铺、张家铁器铺、张古老胭脂铺、戚百乙颜色铺、三不欺药铺、仲家光牌铺、香家云梯丝鞋铺、李官人双行解毒丸、朱家裱褙铺、尹家文字铺、陈妈妈泥面具风药铺、保和大师乌梅药铺、戚家犀皮铺、彭家温州漆器铺、归家花朵铺、周家折揲扇铺、陈家画团扇铺……

这种以名字命名的商标在宋代是很普遍的。张择端《清明上河图》中店铺商标就有“刘家上色沉檀楝香”、“赵太丞家”、“杨家应症”等，这确是东京著名商标的如实反映。像杜金钩家、曹家独胜丸、张戴花洗面药、金龟儿等药铺，在东京是屡见不鲜的。由于无实物验证，不好揣测这些药铺的商标是什么样子。但是从元代熊梦祥《析津志》中，我们仿佛还可见到这样药铺商标的影子：

> 市中医小儿者，门首以木刻板作小儿，儿在锦裀中若方相模样为标榜。又有稳婆收生之家，门首以大红纸糊篾筐大鞋一双为记。

这与东京药铺中的“银孩儿柏郎中家医小儿”、“大鞋任家产科”、“荆筐儿药铺”等标牌互相验证，便可明了。

有的医家则因医治好皇帝的病，以皇帝赏赐的物品为其商标，如临安严防御药铺就以御赐的金杵臼为市招。南宋饶州城内卖风药的高姓者，由于自制了一人手执叉钩、牵一黑漆木猪的标记，所以便以“高屠”为其商标。有的医生为了宣传医术竟用图画形式，如当涂外科医生徐某某，累世能治痈疖，其门首画一楼台，故得一“徐楼台”的商标名。

这种图画商标不由让人联想到另一种图画招幌——东京界身北巷口的宋家生药铺，两壁装饰的是李成所画山水。谁人不晓李成系宋代有“前无古人”之称的山水画家，他的画气韵潇洒，笔势颖脱，墨法精绝，高妙入神，世传为宝，可是它却装饰到药铺，成为一种特殊的高品位招幌。

正像吴自牧《梦粱录》所总结的那样：用名画作招幌，可以“勾引观者，留连食客”，还可以“装点店面”，真是一举三得。因此，元代将其特点进一步发挥。在大都“酒槽坊”，门首画着春申君、孟尝君、平原君、信

明刊本《红拂记》中酒店招幌

陵君四位公子像，用红漆栏杆环护，上盖有宫室形状的巧细升斗，两旁大壁上并画车马、驺从、伞仗，又画汉钟离、吕洞宾为门额，可谓门画与壁画交相辉映，正门前还立着金字招牌，形成了醒神夺目的招幌景象。

这种招幌较为独特，较为人所熟知的是早在战国韩非子著作中提到的“宋人有酤酒者，悬帜甚高”的“酒幌子”。它如《清明上河图》所绘：长方形，自上至下，分为三直幅，青白相间，中间一幅是青色，则左右两幅是红色；中间一幅是白色，则左右两幅是青色。在上面可以写上“新酒”等大字。有的则写上“酒海花宗”，用以表明名牌佳酿，或写上“酿成春夏秋冬酒，醉了东西南北人”招引顾客。

为了保持自己的生意总有人光顾，商家绞尽了脑汁，创造出了许多鲜明而又生动的招幌，如宋无名氏所绘《眼药酸》中：一头戴皂色高冠，身穿橙色大袖长袍者，此人身前身后挂有成串的眼睛球，冠两侧亦各嵌一眼睛球，所戴冠前尚挑一个眼睛球，身挎一长方形袋囊，上面也绘一大眼睛球。值得注意的是，这种风趣的招幌多为技艺人所有，宋代李嵩《货郎图》所绘玩具担上，即插有几个此类眼睛球，这表明此类眼睛球招幌颇受市民欢迎。

也许正是这个原因，元代山西玉宝宁寺水陆道场画中，也描绘了这种衣着眼睛球的眼科医生形象，这应该算是《眼药酸》中眼睛球招幌的流变。直到明清时期的北京眼药铺，悬挂的白木板上还是绘着几只人眼睛。这种招幌历久不衰，显示了极强的生命力。



好的招幌无不是成功的艺术品，它给人带来了美的享受，它所具有的独特魅力，往往超过了它的商业价值，它理所当然地传扬下来。尤其是在集招幌之大成的清代，简直是把人引入了山阴道上，芳草踵来，令人流连忘返……据粗略统计，清代北京约有二百三十余种招幌，分别代表着食品、服饰、日用百货、手工业和手工艺品、医药等行业。但撮其主要，清代北京的招幌可归纳为形象、标志、文字三大类。

形象类。如肉铺出售生肉，一般是在案架上挂起成片猪肉。这种实物形象招幌起于北宋东京，瓠羹店门前，用枋木及花样沓结缚如技艺演出扎架的山棚，上挂成片猪、羊肉，多达二三十片。又如酒铺多悬葫芦、坛子、碗等，这种借代物幌，在南宋临安酒肆前就纷纷张挂了。

标志类。则如夏仁虎《旧京琐记》所说：黑猴公帽铺，即人们熟悉的“马聚源毡帽庄”，柜上踞一大黑猴；雷万春之鹿角胶，门上挂一大鹿角；扇铺，檐际悬一大扇。这些招幌，作为标志，使顾客不会走错门。又如鼓楼大街的德泰魁绒线店，经营布料、绒线，其标志是用红绿各式绒线和布条组成灯笼形状，十分别致。

文字类。绝大多数店铺如《金陵繁胜图》所展示的明代南京店铺所高

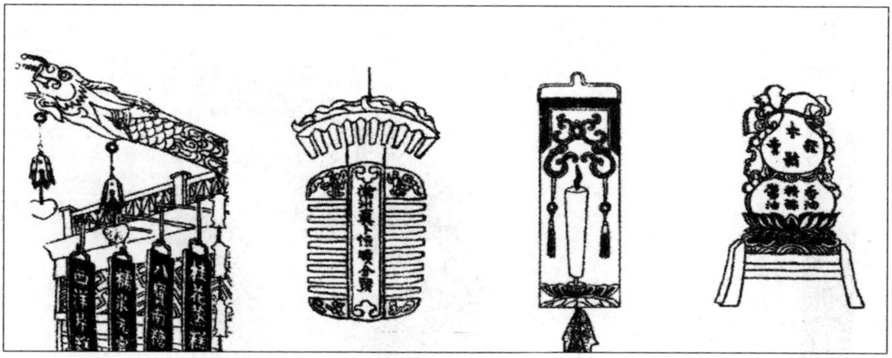

各类招幌



悬的药、牛行、头发老店等，有单字、双字或四、六字或更多字的招幌。一般在旗帜或木牌上标字为记，不作任何装饰，以吴汇源茶庄为著，门前有一巨型长条木牌，上书“徽州吴汇源自办名山毛峰雨前雪蕊龙井雀舌普洱等名茶发行”，字多达26个，既表明该号籍贯，又说明了所售茶品，是“通天坐地招”的代表作。

这些招幌均采用传统的吉祥纹图，加以描金绣银，饰以飞龙腾凤，或对称张悬，并套合用；或巧设寓意，戏集成联……招幌几成可供观赏的艺术品，所以即使是最高统治者也非常欣赏此类招幌。其证明是在雍正、乾隆时期，在圆明园后面，万寿山后山沿河及南墙外长河畔上修建了“买卖街”，香蜡铺、槟榔铺、粮食铺、颜料铺、剃头铺、南酒铺、烟铺、干果铺等，一应俱全。当时，朝廷特降圣旨：“将各铺面拍子牌楼，按座逐细查对，分别等次，拟定雕工则例。”

《圆明园拟定铺面房装修拍子以及招牌幌子则例》，就是遵照皇帝旨意制定的。像纸马铺的门神幌子，油盐铺的酱醋牌，柜上摆设的招财童子、狮子麒麟、和合二圣等各样物件招幌，长宽高，尺寸分，都一一算清，具体而又细致。制作这些招幌的本意是为了皇帝“欲周知民间风景之意也”，

布铺幌子

绸缎布庄幌子

孰料，它也为今人推开了一扇观察古代招幌的窗口，于此可知招幌已经成为一种社会风俗现象了。

商标、招幌是一个趋向于成熟的商业社会所必备的标志，另一鲜明的标志就是商业的推销艺术，如像唱歌一样地唱卖“估衣”。它最早在《太平广记》中有其迹象，宋代称为“喝估衣”。喝，即唱也。对商贩来说，唱是一个被反复证明了极能煽情的表现形式，只有通过高声的唱，才能将商品贩卖之样露出水面，引人观顾，以至“喝估衣”成了一专门的技艺。《武林旧事》就记载了这方面著名的“估衣毛三”的名字，想是毛三“喝估衣”的技巧相当地高，否则不会列入“诸色技艺人”的排名榜上。

宋代“喝估衣”对后代影响是巨大的，它开启了技艺与商贩结合的闸门，引来了无尽的叫卖技艺化的春水。试看明代陈铎《坐隐先生精订滑稽余韵》就有一阕《估衣》散曲：

不分旧剪与新裁，一律都收在。绿绿红红自搭派，诉明白。宽窄长短随心爱，源流好歹。吉凶货卖，减价买将来。

其中“诉明白”、“源流好歹”，正是卖估衣通过喝唱，将估衣向顾客作生动绵长的介绍实录。

在清代，佚名《燕市百怪歌》，已把“唱估衣”推为北京的一怪：

远闻叫声卖，婉转颇可听。

衣服两大堆，件件来回经。

即使以儒雅自重的名士才人，也拿起笔写了一首又一首“卖估衣”的诗句。栎翁《燕台新咏·唱估衣》这样写道：

衣无长短量凭尺，腔接高低巧转喉。

真眼好磨看入骨，长安人海口如油。

估衣图

蒋士铨《京师乐府词》中亦有《唱估衣》:“数人高立声虚呵，唱衣价值如唱歌。”

“卖估衣”之所以备受青睐，无非是“卖估衣”那通俗而又顺畅的词句，加上旁边有一帮衬的小徒弟，俩人一唱一和，特别吸引人。传统相声《卖估衣》将清代这种“京估衣”生动地再现出来——

甲　谁买这一件皮袄啊，原来当儿的啊。

乙　不错。

甲　黢的油儿的黑呀，福绫缎的面呀。

乙　不错。

甲　瞧完了面儿，翻过来再瞧里儿看这毛。

乙　是呀！

甲　九道弯亚赛罗丝转儿呀。

乙　不错。

甲　上有白，下有黄，又有黑，起了一个名儿呀三羊开泰的呀。

乙　不错。

甲　到了“三九”天，滴水成冰点水成凌，别管它多冷，穿了我这件皮袄，在冰地里睡觉，雪地里去冲盹儿吧，怎么会就不知道冷啦。

乙　皮袄暖和——

通俗而又顺畅的词句，像歌唱一样的声调，撩拨着人的心弦，使人陶醉。然而，优美的叫卖声，绝不止“卖估衣”者。明代史玄《旧京遗事》记北京的五月——

佳蔬名果，也是随声唱卖的，人们听唱一声就能分辨出是何物品，是什么样商贩担卖的。有卖麸的，只有四句，竟叫成诗。其他卖物，其词不止一句，这是慢声为招，以此感耳。

而且，明代北京的叫卖还分季节，三月桃花初出，满街唱卖，其声艳羡。数日花谢将阑，叫卖声则慢慢长叫，这是为了表达桃花不堪经久的情绪……

清代的叫卖杂物，也很有独特之处。如提包卖胡梳零件者，叫卖声调极高，店门一唤，能使顾客皆惊，叫卖的词句，有腔有板，而且此词语最末二句，正是口中的叫卖语。倘非长期揣摩市声和娴熟俗曲，无论如何也不会叫卖到不亚于曲艺表演的地步。难怪兰陵忧患生《京华百二竹枝词》感叹“可谓奇绝，可谓特别”，用“叫卖出奇声彻霄”给以赞誉。

又有闲园鞠农《燕市货声》所说的卖小盆小罐者，他们把自己所卖的小盆小罐编成歌谣似的吆喝：

卖小盆呕，卖小罐呕，喂猫的浅呕，舀水的罐呕，澄浆的盆啊噶。

有的卖盆罐的商贩则在叫卖中兼学老鹳打架，先叫早后争窝，末像一群乌鸦对谈，嬉笑怒骂，中间有解和之意，听者无不开心大笑……

这样的商贩不愧为货物艺术家，他们将自己贩卖的物品用曲艺清唱或口技形式表达出来。而且察买者之言，观买者之色，随机应变，投其所好，使你不得不买。明代玉霜簃生万历戏剧钞本《钵中莲》，就刻画了一位在南方卖水果的商贩，当买者要买甘蔗，他就说：

甘蔗圆又长，发火又兴阳。
香甜真可口，节节有商量。

这水果商贩还向买者建议吃橄榄，买者认为味涩不要，他就又说：

橄榄两头尖，一见便流涎。

入口带酸涩，越嚼越香甜。

他还建议买者将橄榄和甘蔗一齐吃，“甘蔗是长个，橄榄是尖个，阴阳相配起来”，“叫作和合双美丸，大有补益”，“其味美不可言”，并要当买者面试试。

清代唐英《古柏堂戏曲集》承《钵中莲》余韵，刻画了另一位在北方卖水果的商贩，他卖西瓜的吆喝是“蜜蜂错搭窝，两钱”。买者问他为什么这样唱，他回答：“这不过说这个西瓜甜的这么个意思啊。”

的确，蜜蜂搭窝是酿蜜，它把窝错搭在西瓜上了，这不等于说西瓜和蜜一样甜吗？据研究老北京民俗文化的专家认为，这种吆喝富有音乐性：

05 6 5 3 3 5 3 5 6 4 2 5 6
蜜 蜂儿 错搭 窝嘞，两 个 大嘞

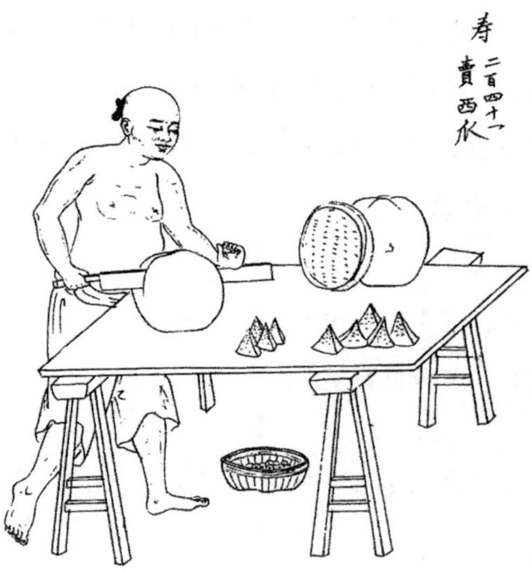


卖西瓜图

卖水果的商贩还向买者推荐藕，买者问他有什么好处，他就以诗句歌唱：

白花藕，圆又长。
能通气，有清香。
粉嫩真可口，是节节有商量。

这引来了买者的夸奖，卖水果的商贩还向买者推荐莲蓬，买者认为莲蓬不好吃，卖水果商贩又说道：

莲蓬两头尖，又不涩又不酸。剥了皮儿吃良（更）好，好歹别整咽。况医家说得好，莲蓬藕一块儿吃，叫作蓬莲和合丸。

这真是左右逢源，说得买者不由得不信，不由得不买，这就是商贩研究买者心理、深谙推销货物艺术的结果。

古代推销货物的艺术，还体现在印刷术应用以来的广告之中。由于这种广告是印在纸上的，所以它比商贩的口头歌唱显得典雅。1840 年鸦片战争以前在广州居住的一位美国人亨特，在他的著作《旧中国杂记》里，就曾收录了当时广州这样五种不同的广告。一则是一位个体匠人制作的墨块，用一张印好的广告纸包着，盛放在绢面盒子里。亨特将广告纸上的文字比喻为“一种唱戏的调子”，例如：

地质坚实，选料上乘。
墨质细腻，无与伦比。
色泽纯黑，举世无匹。

墨质优良，不惜成本。

别家仿效，纯属徒劳。

万甲难逢，本铺良墨。

别家为得利，本号为美名。

一则是“万寿堂极品午时茶”。作这一广告者，为了调起饮此茶的胃口，先将此茶特点娓娓道来：



气味纯正芳香，性质温和，不寒不热，健脾开胃，止渴生津，祛寒去湿。总之内疾外感，本茶一概适用，岂不神奇？

为了滴水不漏，让饮茶人放心，广告者又说：

茶系按本堂主人历代家传之秘方配制而成。所用各药，均经精心挑选，品质超群，不惜工本，饮者无不称便。欢迎各界公众多多采用，即使对疾病一时未见显效，亦属延年益寿的绝妙佳品。

最后广告还有的放矢，强调“午时茶”便于携带：

士绅商旅，出门远行，朝夕宜用此茶。可驱除四时瘴气，抵御恶劣气候。小小一杯茶，效力何神奇！每小包两块，每盒二十包。惠顾君子，请认明招牌。

还有两则是专门对付假冒商标的广告。这两则广告的共同之处就是首先亮明自身的“货真价实”，久有声誉。如“益美合记”与“德隆旺记”的熔金铺兼珠宝行的广告是：

本铺自雍正八年开业以来，声誉素著，出售真品，诚实无欺；向以正直为经营之道，务求取信于人，因此驰誉各省，代代相传，遐迩闻名。

“同记和合”绉纱铺的广告是这样写的：

窃以为，绉纱当如义理节操，不容有丝毫瑕疵，具有无可争议之美质。为求制作之尽善尽美，织机、用料、工匠，皆须精心选择。唯有此数项俱佳，方得驰誉各省，历久不衰。

接着对假冒者深恶痛绝，申明自己的特征，以正视听，如“同记和合”

“同源茂”防假广告

所撰词句，尤为严谨：

本号产品，能集此数美于一身，故自开业之始，以迄于今道光□年，历经二十九载而保有可羡之品质。唯今为防他人冒充本号产品，特采用二字新名，见于所有包装，自此使用，不再更改。故若见有所售绉纱纹理疏松，表面粗糙不平者，即此已可断定其为冒牌之劣货，断非本号之织品。

数载以来，有人于工艺未能得其要领，而觉模仿我印章为易，以此欺骗顾客。故此本号取名“同记”，以彩色字体印于所有包装，并加“和合”二字。

各位贵客，幸予垂顾，认准本号新名。本号买卖公平，绝无欺骗。

同记和合［原继昌仁记］



广告者，举史实，讲道理，看上去主要是为了反对假冒自己的商品，实质是通过印在纸上的广告，反驳与揭示假冒者的拙劣，使自己的产品和信誉传得更快、更广泛，招揽到更多的顾客。

# 徽商文化

清末许奉恩所著笔记小说《里乘》中有一个“一文钱”的故事：

有甲乙两位安徽商人，挟重资来苏州贸易，两人各恋一妓女，未几，便为此挥霍一空。很快，他们沦落到日则行乞，夜则寄宿古刹。一天晚上，两人就地燃火，相对唏嘘。

甲徽商摸出仅存的一文钱要扔掉，乙徽商急忙拿住说：“我有办法了。”不一会儿，乙徽商怀抱竹片、草茎、破纸、鸡鸭毛等物归来。他鼓动甲徽商和他一起用一文钱买来的面粉，索水调浆，将草缠在竹片上，蒙上纸，再遍粘鸡鸭毛，一共做了二三百件宛然如生的各种禽鸟纸玩具。

待天亮，甲乙徽商各携这些禽鸟纸玩具至玄妙观。玄妙观为苏州寺观之薮，特别是春天，游人如织。妇孺士人见甲乙徽商所携禽鸟，以为酷肖，争求购买，顷刻俱尽。每具禽鸟是以十数钱出售的，甲乙徽商收入了五千多文钱。这时，乙徽商才告诉甲徽商：竹片、草茎、破纸、鸡鸭毛，皆拾于诸市上，又用那一文钱买点面粉，这就是全部“家当”。

此后，甲乙徽商用一文钱赚来的钱，添购各色纸张，拾来鸡鸭毛羽，以肖人物花草等状。两人夜间分制，白天便到玄妙观出售。不到两年，甲乙徽商便积资数万。他们遂于苏州阊门开设一爿布店，为不忘此店所本，大书“一文钱”三字榜于门。从此，“一文钱”名扬苏州，生意日隆。

无独有偶，徐珂《清稗类钞》也记录了一个类似的故事，主角是江西南昌籍商人，在明清又称作“江右商”：

一“江右商”因经营不善，在年末只剩下二百钱，债主毕集。于是他到坟间准备自尽，却遇到一位也想自尽者，他急救下，相与慰劳。那人知道“江右商”寻死的原因，嘲笑他二百钱办不了事的观念，便向“江右商”要了那二百钱，买了一坛酒，一块肉，几十件玩具，两人找座古庙，席地饱餐一顿。翌日清晨，那人叫醒“江右商”，告诉他：今日新年，士女嬉游，你去卖玩具，如大人买，可便宜些，如有带小孩，小孩牵衣索买的，可卖贵些。

“江右商”按这话去做了，结果发了笔小财，返见那人，并打算再去贩卖玩具，那人却笑他：

> 此子之所以折阅也。昨尚岁暮，市中玩具价较廉，故贩售之，可以获利。今已新岁，市中玩具价亦涨矣。吾侪成本无多，利货速售，方足以资周转，非若多财善贾者流，可居奇货以待善价也。

徽商是在几乎什么都没有的绝境中，只凭着一文钱，买来面粉，捡来禽毛破纸，依其自身所具备的艺术才能，做成了长者幼童皆喜的玩具，而且他们敢于到玄妙观去和别人竞争。玄妙观在清代确为一商业中心之地，店肆密布，技艺纷呈，甲乙徽商却以新美的玩具获巨利，这不能不说是个奇迹。

再看“江右商”，也是走投无路，全靠明白人的指点，自己则缺乏艺术修养，不会动手，只能用二百钱去买玩具再贩卖，才渡过难关。而且他还不能审时度势，毫无主见，这就阻碍了自己进一步赚钱。

将“一文钱”与“二百钱”作一比较，有见地的人一眼就可看出，“徽商”要高出“江右商”一筹，差距是很显著的。也许正是基于此，“一文钱”的故事又被丹青高手加以图绘，布之于《点石斋画报》。尽管《点石斋画报》中的“一文钱”的故事发生在广东，与“一文钱”祖本有出入，然而情节大致相同，看来“一文钱”的故事在清代流传的范围不小，影响也很大。

但这些“一文钱”的故事的源流真假究竟如何？笔者认为：“一文钱”著者许奉恩为安徽文士，耳目甚近，撰文真实性较为可信。度之于明清晋、陕、鲁、粤、浙、闽、湘等诸多商帮，他们的经历虽然也是艰苦创业、揣透行市、擅长经营、灵活应变，可就所处的具体物质环境，挥毫舞墨、娱乐遣情的浸染，教育的开化，礼俗的投入等，均不如徽商那样集中而又扎实。明白于此，便找到了“一文钱”的徽商何以能在逆途转衰为胜的关键。

现撮主要叙述，先从徽州的具体物质环境谈起。据《歙事闲谭》，明清的徽州，“粉墙矗矗，鸳瓦鳞鳞，棹楔峥嵘，鸱吻耸拔，宛如城郭，殊足观也”。可以说，明清时的徽州人一生下来，就置于一种典雅隽永、装饰秀丽

《点石斋画报·一本万利》

的时空氛围之中。

他们所居住的楼阁、门罩、廊柱、梁架、栏杆、窗户，雕镂细腻，纹样华美。人物故事、灵兽花卉、神话传说、放牧射猎、挑水劈柴、行走收割、百戏游乐、稚儿玩耍、西湖风景、烟云黄山……无所不包，一砖一物，一栏一事，无处不在，尽收眼底……

还有值得称道的徽州的牌坊群，如许国牌坊，它是由前后两座三间四柱三楼和两侧单间双柱三楼的建筑组成，大块石料，质硬色青，梁枋、栏板、斗拱等上面，雕刻着栩栩如生的彩凤珍禽、飞龙奇兽，石坊上所有题字，皆是“馆阁体”、“擘窠书”。

类似这种牌坊，如棠樾牌坊、江宅木牌坊，均集书法、雕刻、建筑于

清《橡茧图说》插图

一体，造型独特，观赏价值极高。加之村人聚玩憩闲的水口之类的园林，台阁池亭，石刻极精；宝塔卧桥，花木成趣。巍峨的祠堂，幽雅的街厅，奇巧的厅院……从这个角度观察，《丰南志》说徽州是“彬彬乎文物之乡”，是名副其实的。这些建筑是对徽州人最直观最生动的文化熏陶。

徽州人的文化性格的形成，还有赖于得天独厚的纸、墨、笔、砚的开发和制作。像婺源龙尾山所产的龙尾石，石质坚润，呵之即泽，光洁莹亮，徽人便因石取势，雕琢成颇耐观赏的砚台，世称“歙砚”。徽墨的形制、花纹，特别讲究，使墨锭成为一种艺术品。

而“一文钱”的故事所说的甲乙徽商所具备的绘画本领，自明代以来，几乎是徽州人都希望学习掌握的一种技巧，连最底层的农夫住家的檐壁也绘满了图画，富足的图画收藏家则将价值数万的郑板桥、金农的作品粘柱障壁，以至比比皆是。一言以蔽之，徽州人都以绘画为雅事，以绘画为体现自身价值的目标，收藏书画则成为最流行的时尚。正因如此，徽州画家之多是其他地区难以比拟的，据不完全统计，明清时期这一地区画绩斐然者，就达四百二十余人，形成了一个庞大的“新安画派”。

直接与之相关联的是徽州的版画。明清一直流传“时人有刻，必求歙工”之说。明代新安黄氏一族，就是其卓越的代表。他们父传子受，数代相继，当时的徽州，作坊刻凿之声，如鼓似筝，彻夜不息。任何一个徽州人，都不可能不受其感染，“一文钱”故事中的徽商自不例外。

尤其是明末徽州胡正言所创的“饾板”、“拱花”技法，即用饾饤般大小板块，按画稿位置固定在案上，分别刷以各种颜色，使其有深浅浓淡，显现物象的阴阳向背，成为一张五色缤纷的图画。“拱花”是将刻好的线纹板不刷色，印时用纸压在板面上，使行云隆起，花卉轮廓，禽兽羽毛，流水涟涟……一一凸现在纸面，俊逸纤丽，穷工极巧，绣像绣梓，展卷悦目。这都会给“一文钱”故事中的徽商以深深的影响。

由此要说到的是徽州的刻书。自明以来，徽州出外经商者日多，足迹

清传奇《意中缘》中画遇图



遍布海内，他们迫切需要了解全国地理自然状况。这正像隆庆年间刻《一统路程图记》的休宁人黄汴，恐天下人像他那样“厄于歧路”，于是，与二京十三省暨边方商贾贸易，得数家《程图》，穷其闻见，考其异同，反复校勘，积27年编成了这犹如旅行交通指南的书。由于此书可以为漫漫的商旅行程提供方便，所以接连印刷三次。

此后，万历年间又有陆嘘云的《新刻徽郡原板诸书直音世事通考》问世，其中时令、人物、身体、病症、五谷、荤食、衣冠、首饰、丝帛、靴鞋、百工、杂货等各种常识，一应俱全。这种为商人编写刊刻的日用百科全书，对外出经商的徽人帮助是很大的，使其对各地风土人情、性格喜恶都能有所了解和掌握，“一文钱”故事中的徽商正是在这类书籍的潜移默化下，针对苏州人好玩的习俗，想出制造玩具的点子来的。

这也和徽州热爱技艺的风气有一定关系。《休宁碎事》曾记载：万历二十七年，休宁迎春演出的台戏就有109座。又据清代采蘅子《虫鸣漫录》

一条史料，也能说明这一问题：金陵上河，是徽州木商的聚居地。每年灯会，他们的仪仗器物，皆剪纸为之，五色黏合，备极灿烂，雕镂纤巧，殆类神工。空其中，可燃烛，人物灯式，宛肖真者，伞灯尤奇，还有穿茉莉结成的，超出想象。徽商制灯的耗费，就不下4000两银子！正是徽商这种热衷于娱乐活动的素质，触发了“一文钱”故事中那位徽商制作玩具出卖的灵感。

诸多原因中最为主要的当归结为徽州的教育。仅《康熙徽州府志》统计，当时的“社学”就达562所。《光绪婺源乡土志》这样记载：

> 婺人喜读书，虽十家村落，亦有讽诵之声，向科举未停，应童子试者，常至千数百人。

徽州的教育是相当雄厚的，是从基层抓起、从娃娃抓起的。

可是明代徽州却有句“以贾为生意，不贾则无望”的谚语，即按徽俗，如清代《豆棚闲话》小说所写：“人到十六就要出门做生意。”

但这时外出的男童，已接受一定程度的教育了。《光绪婺源县志》所说的奉父命服贾的董邦直，“奔走之余，仍理旧业，出必携书盈箧”。在徽人看来，经商和学习是互补的，是相辅相成的。汪道昆《太函集》明确指出：“诎者力不足于贾，去而为儒；赢者才不足于儒，则反而归贾。”

这种“儒贾”、“贾儒”的模式，对徽商的事业是大有裨益的。汪道昆举嘉靖曹演的例子：曹因家贫“舍儒而贾”，起初仅是资微本薄的“下贾”，由于曹善于在经商中用“心计”，只五年就达到了“中贾”，十年就成为“上贾”了。

《丰南志》记万历时，在两淮经营盐业的徽商吴承先，有空就翻阅史书，与人纵论社会兴衰，即使硕学大儒也认为不如他。吴承先因此获得了群商的信任，商人的经营活动都依靠他来策划。吴承先也确实能“权货物

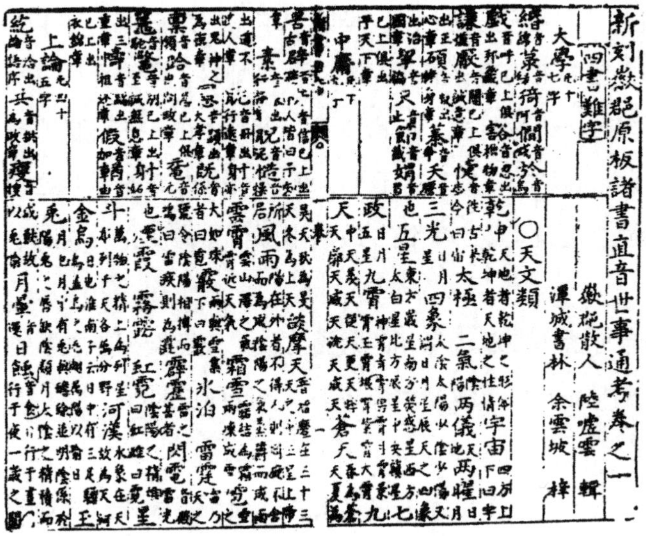
新刻徽郡原板諸書直音世事通考卷之一

徽郡散人 陸噓雲 輯

潭城書林 余雲坡 梓

四書難字

天文類

《新刻徽郡原板诸书直音世事通考》书影

之轻重，揣四方之缓急，察天时之消长，而又知人善任，故受指而出贾者利必倍”。当然这种能力并非天生，而是他抱定了“贾儒”的宗旨，重视学习的结果。

这两个事例，使人领悟到：是教育给徽商打下了成功的根基。

许奉恩正是综合了以上徽商所拥有的文化品格，浓缩成了“一文钱”的故事，它不乏传奇色彩，但它的确是徽商发展历史中的一个较为真实的写照——那就是徽商在商业经济活动中，尽管一时衰败，但凭其优越的文化素质，也能在破落中找到希望，从一点一滴做起，注意小本的积累，转败为胜。

# 民俗世风

风行俗成，万世之基定。

——汉·贾山

# 洗　澡

许慎《说文解字》释“洗”为“洒足也”，释“澡”为“洒手也”。据此看来，古代的洗澡与现代的洗澡意义并不完全吻合。而只有将许慎对“沐浴”的解释与“洗澡”合起来，才是完全意义上的洗澡，因为“沐，濯发也”，“浴，洒身也”。

《礼记·内则》曾对洗澡规定为：

沐浴纸马

五日则燂汤请浴，三日具沐。其间面垢，燂潘请靧；足垢，燂汤请洗。

一般人们洗澡程序为：“浴用二巾，上绨下绤。出杅，履蒯席，连用汤，履蒲席，衣布晞身，乃屦进饮。”人死了也要剪去手脚指甲，洗澡后才能发丧。至于“孔子沐浴而朝”，则为众所熟知。春秋时期，人们对洗澡是严肃而又认真的。

洗澡若想舒服、彻底，当然是在热水池中最为理想。浴池较明确出现，约在秦始皇当政期间。唐代杜牧《阿房宫赋》中就有“二川溶溶，流入宫墙”“渭流涨腻，弃脂水也”的句子。从这里可以推断：

阿房宫中是筑有水道的，外面的渭、樊二川之水，可以引流入宫。宫人洗浴之后的脂粉水，又通过水道流出，以致使“渭流涨腻”。由此可以想见阿房宫中是有浴池的，而且数量不少，质量也不低。它表明了阿房宫中水道是经过精心规划、设计的，设计者考虑了地形、坡降、流向，使水道既能吸纳河水，又可经过循环排出脏水。阿房宫中甚至有过滤渭、樊之水的设施，使其昼夜不舍，汩汩流泻。

贵族作为社会上层的代表者，需要整洁的外表，以与其赫赫声威相匹配。南朝《世说新语》就主张洗澡后必换新衣，可见贵族将洗澡作为讲究卫生的一个内容，并建立了一套程序。但是贵族不可能使洗澡成为少数人的“专利”，如对僧侣来说，洗澡是侍奉佛事的必备条件之一。

唐代义净将自己在印度所见僧人日常行仪法式，写成《南海寄归内法传》，其中就有“那烂陀寺有十余所大池，每日晨时，寺鸣楗椎，令僧徒洗浴”的记载。中国的佛教是从印度传来的，中国的僧侣也是严格遵循洗澡这一习规的。《南齐书》中提到的三卷《沐浴经》及《僧衹律》等经典中均有劝人多造浴室的文字，敦煌壁画中有描绘僧众洗浴的场面，都是洗澡习

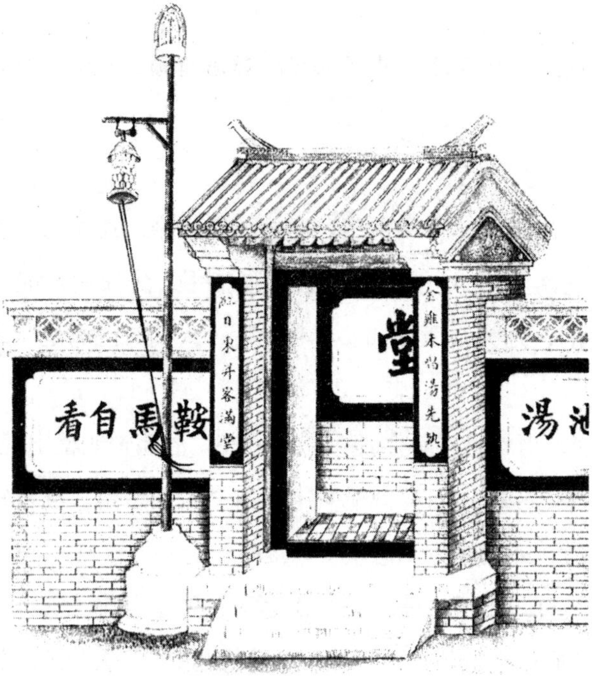

清代澡堂

规的佐证。

高承《事物纪原》曾解释四月初八“洗佛日”道：“以法水洗我心垢，今我请僧洗浴，以除身垢。”阐明了通过洗浴来尊佛的意愿。中国的寺院很早就有浴室，如杨炫之《洛阳伽蓝记》记宝光寺园中置有非常大的浴室。陕西扶风法门寺遗址就曾发掘出当时的浴室。

自此之后，我们无论在典籍中还是小说中，都可以经常看到讲究洗澡的僧侣的身影。他们视洗澡为庄严的仪式，像《五戒禅师私红莲记》中的长老那样，在结束自己生命之前只有一个要求：“快与我烧桶汤来洗浴！”然后换了一身新衣服再“坐化”。

宋元时期，洗澡已遍及百姓。庄季裕《鸡肋编》云：“东京数百万家，无一家燃柴而尽用煤炭。”看来，市民享用热水澡的机会是很普遍的。范成大《梅谱》还说：临安的卖花者为了争先为奇，将初折未开的梅枝放在浴室中，利用浴室的湿热蒸气熏蒸处理以便使处于休眠状态的花芽儿提前开放。这显然是洗澡对人民美化生活的影响。

《马可·波罗游记》告诉我们：在元代杭州一些街道上有"冷浴澡堂"，"由男女服务员为你服务，这些澡堂的男女顾客从小时候起，就习惯于一年四季冷水浴，认为这对身体健康大有裨益"。马可·波罗还记下了杭州"所有的人，都习惯每日沐浴一次，特别是在吃饭之前"的这一良好风习。

《朴通事谚解》则一丝不苟地展现了一幅元代大都的"市民洗澡图"——当时公共浴池除洗澡外，还可挠背、梳头、剃头、修脚，不过价钱不一样，洗澡要交汤钱五个，挠背两个钱，梳头五个钱，剃头两个钱，修脚五个钱，全套下来，一共十九个钱，并不贵。一般老百姓还有这种承受能力。浴池里还有放衣裳、帽子、靴子的柜子。洗澡的程序是：

> 到里间汤池里洗一会儿，第二间里睡一觉，又入去洗一洗，却出客位里歇一会儿，梳、刮头，修了脚，凉完了身，巳时却穿衣服，吃几盏闲风酒，精神别样有。

这和现代人洗澡无甚两样。

从洗澡可以看出，宋代开启了许多史学家所认为的"近代生活习俗的先河"。拟宋话本《济颠语录》曾写道：天未亮，城市还在熟睡，而浴池已开门迎客洗澡了。这一习俗一直延续到近现代，澡堂多在门首粉墙上置有"金鸡未唱汤先热，红日东升客满堂"的对联，就是这种习俗的反映。洪迈《夷坚志》记：一般人家建房都有澡浴的房间。元代《析津志》有士庶之家，"聘女将嫁之明日，家人送女儿入堂中澡浴"，男方之家"一应都散汤钱"的记载，可见洗澡已融合进婚俗礼仪。

宋代还出现了淋浴装置。《东京梦华录》记载：东京元宵之夜，在御街上扎缚的灯山上有跨狮子、白象的文殊、普贤，他们“各于手指出水五道，其手摇动，用辘轳绞水上灯山尖高处，用木柜贮之，逐时放下，如瀑布状”。据此推测，在浴池中装置类似的绞水、贮水、放水器具，以当时的机械制作水平来看，是完全可能的。南宋李嵩所画的《水殿纳凉图》中，就画有水闸所控制的人工瀑布装置，依此原理，它是可以转化为淋浴装置的。元代的铜漏计时则是比较明确体现出淋浴器面貌的装置了。

值得一提的是陶宗仪《元氏掖庭记》中所记的皇宫洗浴。皇宫浴池纹石为质，金石镂成，奇花繁叶，杂砌其间，上张紫云九龙华盖，四面皆蜀锦幛帏，跨池三周。桥上结锦为亭，中匾进鸾，左匾凝霞，右匾承霄，三匾雁行相望。又设一横桥接于三亭上，以通往来。贵妃洗澡时骑在放置于池中的温玉狻猊、白晶鹿、红石马等动物玩具上，作“水上迎祥之乐”游戏。王仁裕《开元天宝遗事》展露的是另一番景象：



奉御汤中以文瑶密石，中尖有玉莲，汤泉涌以成池，又缝锦绣为凫雁于水中，帝与贵妃施钑镂小舟，戏玩其间。

唐代帝王、妃子洗澡竟这样铺陈富丽。

妃子们洗澡时，还在水中放了香料。如元代妃子洗澡的“漾碧池”旁有一“香泉潭”，“香泉潭”积香水以注入“漾碧池”中。有一小宫女，就因洗这香水澡愈益显出体白面红，似桃花含露，赢得了皇帝的欢心，称她为“夭桃女”、“赛桃夫人”。

在水中放香料洗澡，并不自元代始。香料在很大程度上应理解为药料。唐代孙思邈《千金翼方》卷五有一则洗澡药方：

丁　香　　沉　香　　青木香

珍　珠　　玉　屑　　蜀水花

桃　花　　钟乳粉　　木瓜花
柰　花　　梨　花　　红莲花
李　花　　樱桃花

制法是“花、香分别捣碎，再将珍珠、玉屑研成粉，合和大豆末，研之千遍，密贮。常用洗手面作妆，坚持一百天，其面如玉，光净润泽，臭气粉滓皆除”。咽喉臂膊用此药洗，也是这样。洗药澡不仅使皮肤白皙，而且防疫健体，所以历久不衰。从《太平广记·董奉》条知道：在汉代有人身痛，皮肤脱落，此人因“得水浴，痛即止”，二十日，皮生即愈，身如凝脂，药澡效力于此可见一斑。宋代东京的药铺则出售专门的“洗面药”，元杂剧《谢天香》细致刻画了妇女用“熬麸浆细香澡豆”洗浴的场景，这都标志着“药澡方”已很盛行。清代《三农纪》中就直接将“枸杞煎汤”洗澡药方，作为健身必用之道向人们推荐。

唐宋温泉浴也很流行。刘斧《青琐高议》前集《温泉记》讲的是四川书生张俞过骊山时与一仙子在一金碧射人、彩楹琐窗的大室内洗温泉浴的故事。唐代无名氏《梅妃传》中也有“同浴温泉”的踪迹。尽管它们主要是对贵族而言，但却是唐宋温泉浴的如实场景。

明代，温泉浴逐渐推广开来，并发展到室外。《西游记》第七十二回中的温泉浴场景就相当可观：

那浴池约有五丈余阔，十丈多长，内有四尺深浅，但见水清彻底。底下水一似滚珠泛玉，骨都都冒将上来。四面有六七个孔窍通流。流去二三里之遥，淌到田里，还是温水。池上又有三间亭子。亭子中近后壁放着一张八只脚的板凳，两山头放着两个描金彩漆的衣架。……那泉却是天地产成的一塘子热水。

明人唐桂芳用诗吟咏了类似的东南温泉："我来欲浣尘俗缘，垢腻澡尽疡痱痊。"道出了从洗温泉澡中寻求享受和强身的心态。

明清的温泉浴较之以前的水平要高得多。明代《食疗本草》《食品集》都对明代的温泉进行了科学的总结，提出：

> 温泉水，味辛热，有毒，切不可饮。惟治诸风筋骨挛缩及肌皮顽痹，手足不遂，无眉发，疥癣诸疾在皮肤骨节者，须入浴之。浴讫当大虚惫，可随病与药，以饮食补养。非有病人，不可轻入。



到了清代，出于强身健体的考虑和对自然科学的偏爱，康熙摸索出了一整套洗温泉澡的经验。康熙五十年（1711），年已 70 的大学士李光地身患毒疮，康熙就指授他去洗温泉澡，即"坐汤"泡洗。李光地遵嘱进行了洗温泉澡的治疗，毒疮很快就得到了痊愈。康熙还对他所喜爱的昌平汤泉进行了考证，其用心无非是为了推广洗温泉澡的功效。这一时期的学者统计各地温泉总计多达二百二十余处，不能不说与康熙提倡洗温泉澡有关。

明代的名士屠本畯还将"澡身"与"赏古玩"、"爇名香"、"诵名言"并列，表明明代的洗澡较之以往更加讲究。《酌中志》记述了明代京城已实行"擦澡"，清代扬州评话《清风闸》（又名《皮五辣子》）中一节就细致描写了理发、刮脸等洗澡程序，尤写擦澡中的"捶背"，这是"一家功夫"，不但要捶出节奏，还要捶出名堂，什么"八哥子洗澡"、"喜鹊登梅"、"霸王乱点名"等。捶到最后，再拍三巴掌，叫"凤凰三点头"。这一描写使人更加神往这一可以增加体内热量，促进毛细血管舒张扩充，加快血液循环，可吞噬体内病菌，提高免疫力，对散胃寒、泻胃炎具有特殊效果的擦澡。

清代的洗澡，还注意吸收外来先进之风，为己所用。如故宫武英殿西朵殿浴德堂后建有一穹窿浴室，室内顶、壁满砌白釉琉璃砖，其后有水井，覆以小亭，在室之后壁筑有烧水用的铁制壁炉，用铜管引入室内。这是典型的阿拉伯式洗澡样式，在这种浴室内是可以洗“蒸汽浴”的。据说庚子以后，北京开始用西法凿井取水洗澡，故宫及三贝子花园就有这样的凿井。这是中国洗澡史上的别一段风味。

但是若讲集中国古代洗澡之最高水平者，还是要推清代的慈禧太后。北京昌平县小汤山就有慈禧的一个浴池，据测量，它长4.55米，宽2.90米，深1.40米。池壁是由经过加工的10块巨石压缝交口镶拼而成的，由10块方形石板铺成。与它相邻的是一蓄水池。洗浴时，温泉水从石缝中涌入蓄水池，将满时把南壁上的一个闸门打开，水穿过暗槽流入浴池。这个浴池设计可谓别致精巧，不愧是温泉池之冠。

普通老百姓的洗澡虽然没法与慈禧相比，但洗澡的设施等却也达到了相当高的程度。如清代扬州的“新丰泉”，是用白玉砌成的池子，面积达丈余，中间隔为大小数格，近镬水热的为大池，次者为中池，小的不太热的

清麟庆《鸿雪因缘图记·汤山坐泉》

池子为娃娃池。贮衣的柜，环列在厅，两旁为站箱。内通小室的是暖房，侍者还可为洗澡者按摩……这种洗澡样式在江南极为常见，日本所出《清俗纪闻》非常逼真地描述了这种浴池的面貌：浴池外黄色竹笼制桌后坐着收钱人，入口门头上刻有“浴殿”，两柱上贴着一副对联：“杨梅结毒休来浴，酒醉年老没（莫）入堂。”有坐在用藤条箍牢的大盆中和泡在石砌的水池中两种洗澡者，洗盆澡的可用木制水勺盛地上水桶中的水添入盆中，在池中洗热水澡的，池烧口在外，由一人专职烧水。烧水者手中所握的竹管乃是专为调节池中温度吹火用的……



这种浴池和《清风闸》中一节《大闹澡堂》十分一致。如门口所贴对联，浴池分水烫的头池，水不烫的二池。稍有不同的是，《清风闸》所写这个“白玉池”大门里迎面白粉墙上有个大红颜色的“忍”字。这是告示各位澡客进门先与忍字照一面，“遇事不能发脾气；要着气，要打架，请出去斗；人在澡堂子里，身上一丝不挂，精赤条条，滑手滑脚，淘气打架要出

清代浴池面貌

《点石斋画报·无衣无褐》



事”。这不禁使人想起清代《点石斋画报》上一幅题为《无衣无褐》的图画，画的是江南一浴池，洗澡两少年的服装被突来数人全部掠走。这显然是有意报复的恶作剧，不过却使当代人更加清楚地窥见了当时江南铺陈清洁的浴池内部景象。

洗澡更为动人的另一种景象则是在室外，据《万历野获编》等典籍记载：自明代较为明显地出现了六月六日这天，男人、妇女、小儿、老汉，甚至带上家养的猫犬等动物，“亦俾浴于河”。这是因为百姓认为一年四季中盛夏发病率最高，为防病须洗澡，这也是长久以来人民洗澡习俗的一种集中体现，至今有许多地区人民还保持着六月六日洗澡这一有益于健康的风习。

# 头发风习

古代中国人，对头、发是很看重的。《黄帝内经·素问》云：“头者，精明之主也。发者，头之华。”《释名》认为：“头，独也，于体高而独也。发，拔也，拔擢而出也。”

联系这两种观念来看，头、发是人最重要的外观，要精心地保护，不断地修饰才行。所以，中国人很早就发明了梳、篦，在新石器时代就出现了下端开 16 个细密梳齿的象牙梳子，从战国到魏晋南北朝的木篦，已是在宽度不到 10 厘米的木片上，均匀地分出 100 多根梳齿，每根梳齿皆薄如纸片的样式。

一般说来，梳齿粗而稀，篦齿细而密。故《苍颉篇》有言：靡者为比，粗者为梳。这也就等于说：梳理头发用梳，清除发垢用篦。至宋以后，梳子的形状渐趋一致：扁平，半月形；篦为两排齿，中间贯以横梁。洪迈《夷坚志·程氏买冠》曾云：“有客商从临川来，寻常以篦头钗镊就湾中贩鬻者。”可见当时从事篦头行业的人是很多的。自宋以后，梳、篦的样式基本没变。

要使头、发整洁，仅梳头篦发是不够的，还要剃头理发。古代汉人出生第一件大事就是剃头，元杂剧《灰阑记》一折云：“现放着剃胎头收生的老娘，则问他谁是亲娘，谁是继养？”二折又云：“现放着收生的刘四婶，剃胎头的张大娘，俺孩儿未经满月，早问道我十数遭。”

成人的剃头，则如元代《朴通事谚解》展示的那样：

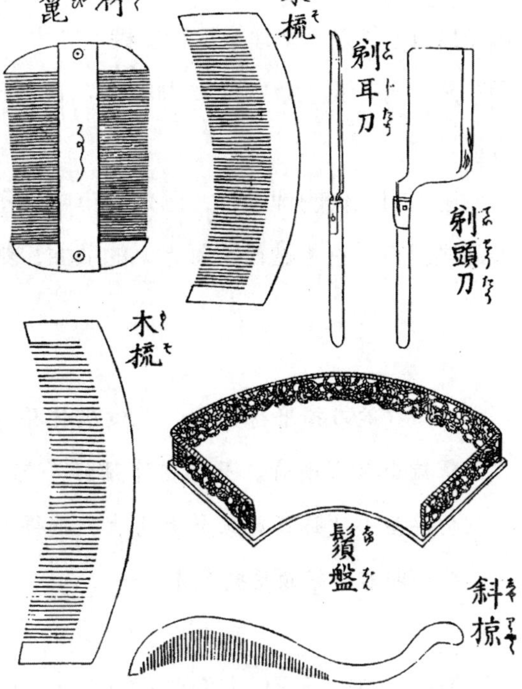

理发工具

叫将那剃头的来（汉俗凡梳头者，必剃去脑后顶上鬓际细毛，故曰剃头）……不要只管的刮，刮的多头疼……剃了撒开头发梳，先将那稀篦子搃了，将那挑针挑起来（挑针用牛角作广篾，上一端作刷子者多鬓者，鬓厚难梳，故先梳之鬓，以此篾插置上头更梳下鬓，今俗犹然）。

用那密的篦子，好生搃着，将风屑去的爽利着，梳了绾起头发来。将那镊儿来，摘了那鼻孔的毫毛。将那铰刀斡耳消息来，掏一掏耳朵（以禽鸟毳翎安于竹针头，用以取耳垢者，俗呼为消息，旧本作蒲楼，翎儿朵作垜，是俗去声读），与你五个铜钱。

以上可见，元代将理发、篦头、掏耳垢统称为剃头，其方式已和现代的理发无太大的差别。而且，据《两浙金石志》卷十五所载元代延祐元年（1314）长兴州修建东岳行宫碑，其中揭载诸商行施主姓名来看，“积财司”是由当时的“净发行”，即理发行的姚珍、桑琇、费荣、钱大亨、俞庆所捐。

这表明元代的理发行，已是城市中具备一定经济实力的独立行业。元人汤式就有一首《赠钱塘镊者》的散曲，刻画了当时已经定型的理发匠的情形：



雪锭刀揩磨得铦利，花锭镊抟弄得轻疾，乌犀篦雕镂得纤密，白象梳出落得新奇。虽然道事清修一艺相随，却也曾播芳名四远相知。剃得些小沙弥三花顶翠翠青青，摘得些俊女流两叶眉娇娇媚媚，镊得些恍郎君一字额整整齐齐……

散曲反映出了元代人们理发的广泛，无论男女老幼，都将“篦头绞面”作为一种必不可少的美容方式。元话本《金海陵纵欲亡身》也曾这样展示过：

贵哥走到厅上，分咐当直的去叫女待诏来，“夫人要篦头绞面”。当直的道：“夫人又不出去烧香赴筵席，为何要绞面？”贵哥道：“夫人面上的毛可是养得长的？你休管闲事！”当直的道：“少刻女待诏来，姐姐的毛一发央他绞一绞，省得养长了拖着地。”贵哥啐了一声，进里面去了。不移时，女待诏到了，见过定哥。定哥领他到妆阁上去篦头，只叫贵哥在傍伏侍，其余女使一个也不许到阁上来。女待诏到得妆阁上头，便打开家伙包儿，把篦箕一个个摆列在桌子上，恰是一个大梳，一个通梳，一个掠儿，四个篦箕，又有别子剔帚，一双簪子，共是十一件家伙。才把定哥头发放散了，用手去前前后后，左边右边蒲腹摸索，捏了一遍，才把篦箕篦上两三篦箕。

在明代，像元代这样的“篦头绞面”更加普及，更加规范。凌蒙初《二刻拍案惊奇》卷十五就写道：南方省份的风俗，女性要“整容开面”，便要唤“整容匠”来，即所谓“小户人家女人篦头剃脸，多用着男人”。

《永乐大典》一四一二五卷的《净发须知》，还对理发匠招揽生意的家什进行了描写：“指弹清镊，响声入耳玉玲珑。”“清镊”又称“唤头”、“铁琴”，上下两片，一端有柄，形如镊子，用铁棍从两片尖端划出，发出嗡嗡颤声。这是理发匠必备之物。陈铎《坐隐先生精订滑稽余韵》则有“梳篦铺”：

象牙玳瑁与纹犀，琢切成胚，黄杨紫枣总相宜。都一例，齿齿要匀齐。（么）清浊老幼分稀密，向清晨栉裹修饰。拂鬓尘，除发腻。诸人不弃，无分到僧尼。

将元、明散曲、话本等联系起来看，可以明白：元、明的理发工具质地各异，多达十余种，理发匠还要兼会按摩才行。《金瓶梅词话》第五十二回就有这样的场景：

西门庆坐在一张京椅儿上，除了巾帻，打开头发。小周儿在后面桌上铺下梳篦家活，与他篦头栉发。观其泥垢，辨其风雪，跪下讨赏钱，说：“老爹今岁必有大迁转，发上气色甚旺。”西门庆大喜。篦了头，又交他取耳，掐掐身上。他有滚身上一弄儿家活，到处都与西门庆滚捏过，又行导引之法，把西门庆弄得浑身通泰，赏了他五钱银子，交他吃了饭，伺候与哥儿剃头。

于此可见，篦头和剃头不同，篦头是用细密的篦子密密疏理头发，去掉污垢。唐代杜甫《水宿遣兴奉呈群公》就曾这样说过：“发短不胜篦。”篦头是包含在剃头之中的，这就需要剃头匠掌握多种与头发有关系的技能。

清代《北京民间风俗百图》中有一剃头匠给人剃发后作按摩的《剃头放睡图》可以给予证实：

> 每日将头剃完，筋骨疼痛者，剃头的坐于高凳之上，其人躺在剃头的腿上。令其捶拿，其快活劲儿无比。



这就表示了剃头匠除理发梳辫外，至少要学会按摩。这正像明代吴正伦《养生类要》辑古人对头发的经验，提出发多梳，能去风明目的养生之道一样。而清代北京的剃头匠除掌握梳、编、剃、刮、剪、剔、染等基本技能外，还会捏、拿、捶、按、掏、接、活、舒、补等医术，也正是为了使剪理发的内含更加全面。

《剃头放睡图》

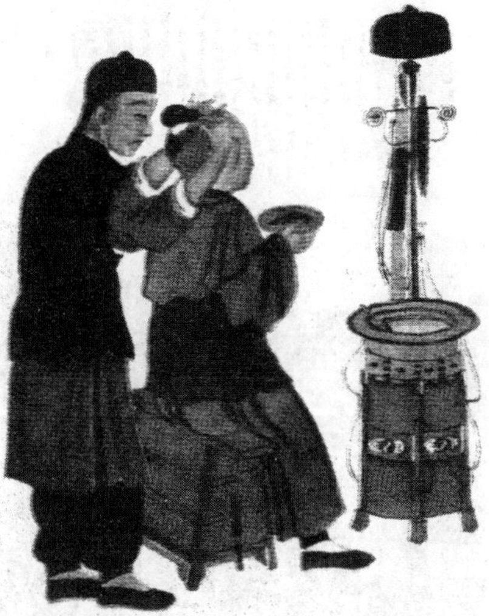

剃头图



当然，剃头匠最根本的还是要以理发为主。这是因为人的头是要长发的，而“发”，刘熙《逸雅》将其解释为“拔也”。其意自明，人的头发是不断生长的，这就需要经常不断地除掉，但除掉不是目的，头发应保持一形。

《礼记·内则》对此有这样的说法：

> 发者，以縰韬发作髻讫，即横插笄以固髻。总，亦缯为之，以束发之本，而垂余于髻后以为饰也。

据此对古代中国男女的发型进行观察，再据董斯张《广博物志》所说“古者男子妇人俱有笄”，可知古代中国男女的发型是以髻为规范。如小儿发出生为小髻，士兵结一撮形如椎的“椎头髻”；少女则将头发集束于顶，编结成两个似树叉的“丫髻”，成年妇人的飞天髻、蛇髻、盘桓髻、朝天髻、同心髻、流苏髻……这种对头发剪、修的讲究，可以明代佚名的《松下杂钞》

《点石斋画报·伐毛济众》，表现清代北京户外理发情形

所记皇宫“篦头房”为说明：

> 篦头房，近侍十余员，专习为皇子女请发、留发、入囊、整容之事。凡诞生皇子女，弥月剪胎发，百日命名后，按期请发者，如外之每次剃头者然，一茎不留如佛子焉。皇子戴玄青绉纱，六瓣有顶圆帽，名曰瓜拉冠。至十余龄留发，约年余，又择吉入囊，总束于后，冬用玄色纻，夏用玄色纱作囊，阔二寸许，长尺余，垂于后，至选婚有妃，始择吉行冠礼，此皇子事也。皇女戴寸许阔小头箍，至十余龄留发，约年余，又择吉扒角，至选婚有驸马，始择吉上头，此皇女事也。

从中可以看出，古人对剪修头发十分重视，并建立了一套严密的程序，而且世代相沿，融入礼制。可以说，头发虽小，所关事大，于婚则曰“结发”，于丧则曰“括发”，于夷则曰“断发”，于僧则曰“削发”，于权术则曰“割发”，于悲壮则曰“怒发”，于国情则可曰“千钧一发”……

在古代中国历史上，就曾因头发的剃与留展开了一场殊死的斗争，这就是人们熟知的清兵入关发出的“薙发令”。据庆荣增先生《剃头挑子》一文考证：

剃头用的大铜盆，是清兵的铜盔。一根刁头旗杆，是悬挂清帝圣旨的。刁头上挂着的磨刀布，代表敕轴。扁担一头的红色小凳，是枭人脑袋用的。围在剃头匠胸前的大蓝布围巾，是围裙。大小剃头刀，是剃人犯的用具。接剃下短发用的笸箩，是军用的“藤牌”。扁担上捆着的白色长绳，是绑人用的……这些工具在清初都是官发的，私人不准制做。不论剃头匠到什么地方，只要一响“唤头”，百姓必须出来请剃。若有违抗，剃头匠便首先放下“敕轴”，用“法绳”把违抗者绑起，推在凳上“正法”……

以上说法，夹杂着民间的传闻，但大体上是符合清兵对违抗剃头者当场杀死的史实的。1644 ~ 1650 年意大利人卫匡国的《鞑靼战纪》中就有中国南方军民为保卫头发而战的叙述：

士兵和老百姓都拿起了武器，为保卫他们的头发拼死斗争，比为皇帝和国家战斗得更英勇，不但把鞑靼人赶出了他们的城市，还把他们打到钱塘江，赶过了江，杀死了很多鞑靼人。实际上，如果他们追过江去，也许会收复省城和其他城镇，但他们没有继续发展胜利，只满足于保住了自己的头发。

由剃发留发而演变成浴血奋战，这是古代中国的一场奇观，究其实质，它是一场两种不同风俗习惯的交会而引起的碰撞。张岱《石匮书》中所记的苏州优人周之兰发出的“必剃发我死”的呐喊，是那整整一个时代的汉民族心声。在汉人看来，头发“受之父母，不敢毁伤”，失掉了头发等于失去了人的尊严，更何况要将这种长期梳理而成的发型，改变为头颅四周的头发全部剃掉，仅在头顶留下面积只有一个铜钱那么大的头发，结辫而垂下的“金钱鼠尾”式！

可是，在清兵的高压之下，野蛮暂时征服了文明，剃头得到了实施，然而这并不能抹掉汉族对蓄发这种华夏风俗的怀念。在这方面，文学家拿起笔，发出了含蓄而又激烈的呼叫，像明末清初的沈自晋，以一女子剪发为题所作的《赋剪发寄怨》散曲：



［香罗带］飘零薄命咱，魂惊梦遐。同心待绾如捻沙，何不除将烦恼挂袈裟也？早去从披剃，怎受恁波查，如今索性诀绝了他。好个如云髻，忍下得金刀玉手叉！

［梅花塘］这头发，自小儿留下，十二掩蛾眉，十五双鬟鸦。及笄鸾鬟，那更不屑髢也堪夸。心痛杀，只索把、情丝封绛纱。

［香柳娘］泪纷纷似麻，泪纷纷似麻，断肠罗帕，发和泪渍多娇姹。且参咱谜哑，且参咱谜哑，失计枉嗟呀，教奴也没法。任旁人嗑牙，任旁人嗑牙，只说心坚怎差，我却死而难罢。

在这套散曲中，沈自晋用“双关体词”，宣泄了心中的愤怒，如上边未引的“无端鼠雀哗”、“发与恨无涯”、“愿郎心鉴察，认取发如艳葩”等句。它的社会寓意是很深刻动人的，表达了汉族风俗习惯的难以动摇性。即使在完全安定的时期，也有人写诗嘲讽剃头式样，像吴祖修写的一首《剃头》诗：

吾生适值鼎将迁，卅载头毛未许全。

四角不妨芟似草，中央何必小于钱？

而经过了267年漫长的岁月，以剪辫子运动宣告了清王朝的灭亡，则是一个最好的说明。它告诫人们：头发样式作为一种风气，尽管遇到强权和暴力的摧残，但因其植根于中华民族的深深沃土之中，终究是要崛起于文明之林的。

# 厕所·便器

何谓“厕所”？从字义上看，古代的“厕”，从广，广像屋；从则，则当侧，这可将厕所解释为“设于房子旁边的侧屋”。

较早的典籍称“厕”为“清”，或作“溷”、“圊”。《说文》云：“厕，清也。”《释名》云：“溷，为浊；圊，为至秽之处，宜常修治使洁清也。”厕所又称“偃”，《庄子·庚桑楚》：“观室者周于寝庙，又适其偃焉。”注云：“偃

古代厕所图

谓屏厕。”看来古人参观居住房屋，必到厕所去检查一番，而厕所还须用屏障掩蔽。

以上释说，大致勾勒出了厕所的最初形状及作用。它显示了春秋战国时期，厕所的建设和使用就已经十分规范。《墨子·旗帜》就曾记述那时的公共厕所：在道外设屏，以 30 步为周长，一般要垣高 12 尺以上。

公共厕所发展到了汉代，已需专人管理。《太平广记》卷八《刘安》条记述：

刘安成仙，遇仙伯，坐起不恭，语声高亮。于是仙伯的主者奏刘安不敬，应斥遣去，让刘安“谪守都厕三年”。

这虽是神话，但由此可见汉代的城市公共厕所已有一套规矩，而且水平也不低。

又如豫东所发现的西汉梁孝王之王后墓，为目前国内最大崖洞墓，其主要建筑结构有天井、贮冰室、车马室、排水道、棺床、庖厨、浴室、厕所……墓中最为叫绝的用具之一就是厕所——便池右侧立一石质扶手，镶于便池后立石板中，坐便池上有两块靴状画像石，其上用阴线刻手法刻画

汉代厕所造型

有楼房、常青树和几何纹图案，这个两千多年前的坐便已不亚于现代装饰豪华的坐便池。

当然，这种厕所并不普遍，汉代较为普遍的厕所样式为与猪圈相连，以使养猪、积肥并重。《汉书·武王子传》“厕中豕群出，坏大官灶”，就证实了汉代厕所的这一特点。

还有，东汉魏晋时的随葬冥器，郑州后庄王 199 号墓出土的汉代与厕所相连的灰陶猪圈，徐州十里铺姑墩出土的东汉晚期的厕所与猪圈，均可证实，这种猪圈与厕所相连，饲养猪兼积肥的方式，已作为一种较为标准的生活方式，在汉代普遍实行开来……



与汉代互相映照的是《梦粱录》中临安的那种有专人收集粪便的方式：街巷小民之家，多无坑厕，只用马桶，每日自有出粪人瀽去，这叫“倾脚头”。这些“倾脚头”各有主顾，不敢侵夺，或有侵夺，粪主必与之争，甚者到官府诉讼。

这种专人管理，由专人收集粪便，专倒一处的方式，已具有了行业的性质，这也是公共厕所的一种。由于公共厕所建设、管理得好，宋代城市卫生清洁是闻名于世的，有所谓“花光满路”之誉。

可并不是每个朝代的公共厕所事业，都是建设、管理得好的。明清北京大街上公共厕所就非常少，以致有“京师无厕”之称。明代王思任在《文饭小品》中曾绘声绘色作赋道：“愁京邸街巷作溷，每昧爽而揽衣。不难随地宴享，报苦无处起居。”

清代佚名《燕京杂记》说：北京的公共厕所，入者必须交钱。故人都当道中便溺，妇女也都当街倒便器，加之牛溲马尿，有增无减，重污叠秽，触处皆闻。夏仁虎《旧京琐记》也说：行人便溺多在路途，虽有厉害的官吏惩治，但颓风不可挽，有的官员也在道上便溺。

至清末时，这种状况略有改观。北京各街遍修厕所，不准随意便溺。备有车辆，装载粪便，以摇铃为号。《京华百二竹枝词》中专有诗歌咏这一公共厕所事业：

粪盈墙侧土盈街，当日难将两眼开。
厕所已修容便溺，摇铃又见秽车来。

从宏观角度观察，明清南方的公共卫生要强于北方，沈德符在《万历野获编》中有过这样的评论。公共厕所建设、管理得好，是其中一个非常重要的原因。明末清初佚名者所作小说《掘新坑悭鬼成财主》，通过湖州乌程县乡村的公共厕所建设、管理，就反映出了这样的一面：

一是清代城市厕所较多。穆太公就是因为到城里去，见道旁都有“粪坑”，才动了脑筋，做厕所生意的。在他看来，“倒强似做别样生意”！

二是乡村厕所也非常规范。穆太公请了瓦匠，“把门前三间屋掘成三个大坑，每一个坑都砌起小墙隔断，墙上又粉起来，忙到城中亲戚人家，讨了无数诗画斗方贴在这粪屋壁上”，他又请了一位镇上教书先生，为这个厕所题了个不伦不类的“齿爵堂”名字。

三是厕所生意也要做广告。穆太公怕众人不晓得他所砌的厕所，又求教书先生写了百十张“报条”四方贴起，上面写着：

穆家喷香新坑，奉求远近君子下顾，本宅愿贴草纸。

四是厕所还需美观、方便。穆太公将厕所“粉得像雪洞一般，比乡间人卧室还不同些”。乡间人便后揩屁股，“用惯了稻草瓦片”，穆太公便配上现成的“草纸”，加上他开的厕所“壁上花花绿绿，最惹人看，登一次新坑，就如看一次景致”。连那女流也来上粪坑，穆太公便又盖起了一间女厕所。

五是厕所的粪便可以出售。明末清初的《沈氏农书》就有去杭州买人粪的记录，穆太公卖粪正可互证：一时种田的庄户，都在他家来趸买，每担是价银一钱，更有挑柴、运米、担油来兑换的。

六是厕所文明已经形成。“那些大男小妇，就如点卯一般，鱼贯而入，不住穿梭走动”，穆太公每天“五更便起，给放草纸，连吃饭也没工夫”。这使人感受到明清之际乡村开化习气的吹拂。

这如同张宗法在《三农纪》中论述如何造好厕所一样：“忌当前门、后门及屋栋柱，不可近灶、近井。……出入当讳，扫治洁净。”细细地立规矩、定章法，清代已将厕所的建设当成居家讲究、宅之美观的标准。



以上所叙只是平民厕所概观。若转换视点，看一看贵族厕所则又是另一番风光。在这方面较为突出的是魏晋时期的数则逸闻。如《世说新语》载：

> 石崇厕，常有十余婢侍列，皆丽服藻饰。置甲煎粉、沉香汁之属，无不毕备。又与新衣箸令出，客多羞不能如厕。
>
> 刘寔诣石崇，如厕，见有绛纱帐大床，茵蓐其丽，两婢持锦香囊。寔遽反走，即谓崇曰：“向误入卿室内。”崇曰：“是厕耳。”
>
> 王敦初尚主，如厕，见漆箱盛干枣，本以塞鼻，王谓厕上亦下果，食遂至尽。

《洛阳伽蓝记》载：“陈宛盛其居，上厕，上术汤盥手，槐板覆敞粪穴，为都城第一。”《襄阳记》载：“刘香和如厕，从香烟上过。”

贵族拥有的经济优势，使其使用的厕所也富丽无比。《云林遗事》记明代贵族的厕所，建成高楼式样，下设木格，中实鹅毛，凡便下则鹅毛起，覆之，一童子在旁边将粪便移去，根本闻不到臭气。这倒是对厕所建设的一个贡献。

厕所对贵族来说，并非是单纯的排泄脏物，在政治方面也起到过作用。

陶宗仪《南村辍耕录》列举了许多这样的故事：

汉文居灞北，临厕使慎夫人鼓瑟；晋侯食麦胀，如厕陷而卒；赵襄子如厕执豫让，高祖鸿门会如厕召樊哙，金日磾如厕擒莽何罗，范雎佯死置厕中，陶侃如厕见朱衣，沈庆之梦卤簿入厕中，崔浩焚经投厕中，蒯喷盟孔悝于厕，曹植戒露顶入厕，等等。

吕后切断戚夫人手足，去眼，煇耳，饮瘖药，使居厕中，命名为“人彘”。宋话本《拗相公》描写王安石是在“坑厕土墙上”见到八句诗后受到刺激。这都使厕所蒙上了一层阴影。

但厕所也有其明快的一面。左思创作《三都赋》，就将笔砚置厕所中进行。欧阳修则常在厕所上读书。更为重要的是紫姑神，刘敬叔《异苑》记载：

紫姑本人家妾，为大妇所妒，正月十五日感激而死，故世人作其

清吴友如绘《海上百艳图·迎紫姑神》

形迎之。咒云：子胥不在，曹夫人已行，小姑可出。于厕边或猪栏边迎之。

宋代陈元靓《岁时广记》补充道："亦必须净洁。"沈括《梦溪笔谈》则说："迎紫姑厕神，亦不必正月，常时皆可召之。"

实际上这是人们通过树立厕所之神，寄托一种不可歧视厕所的作用，要保持其洁净的美好心境。所以祭祀紫姑厕神，成为妇女的专职，进行占卜、求吉、求蚕桑丰收等，成为正月里一项具有喜庆色彩的活动。



使人可以与此生发具有同等意义联想的是在元代大都市民之家，小孩的便器是"溺葫芦"。这是对厕所的一种变化，揭示出我们的古人，是很注意厕所以外的便器的设计和创造的。清代曹庭栋《养生随笔》就专门提出：

老年夜少寐，不免频起小便，便壶实为至要。制以瓷与锡，俱嫌取携颇重，惟铅可极薄为之，但质轻又易倾覆，或须边直底平，规圆而扁，即能平稳。

大便用圊桶，坐略久，即觉腰腿俱酸，坐低而无倚故也。须将环椅于椅面开一孔，孔大小如桶，铺以絮垫，亦有孔如椅面，桶即承其下，坐既安然，并杜秽气。

《山居清供》曰：

截大竹整节，以制便壶，半边微削，令平作底，底加以漆，更截小竹作口，提手亦用竹片黏连。又有择葫芦扁瓢，中灌桐油浸透。制同于竹，此俱质轻而具朴野之意，似亦可取。再大便用环椅如前式，下密镶板，另构斗室，着壁安置，壁后凿穴，作抽替承之。

当然，最高级的还是应推帝王将相的便器。他们的便器又称“虎子”或“伏虎”，有的用玉制作，有的用七宝装成，珠光宝气，价值连城。这些帝王的便器无论从制造技术还是新奇、质量诸方面，都未能超过慈禧太后的檀香木便器。金易、沈义羚《宫女谈往录》中记载它的具体形状：

外边刻着一条大壁虎。啊呀！这条大壁虎，刻得不用说有多好看了。它好像碰到什么猎物要进行捕捉一样，四只爪子狠狠地抓着地，这就是官房底座的四条腿；身上有隐隐的鳞，仿佛都张起来了；肚子鼓鼓地憋足了气，活像一个扁平的大葫芦，这正好作官房的肚子；尾巴紧紧地卷起来，尾梢折回来和尾柄相交形成一个8字形，巧妙地做成了官房的后把手。壁虎头翘起来，向后微仰着，紧贴在官房肚子上，下颌稍稍凸出，和后边的尾巴正好是平行地位，手的虎口恰好可以托住，正好作为前面的把手。壁虎头往后扭着，两眼向上注视着骑在背上的人，嘴略略地张开一条缝，缝内恰好可以衔着手纸！两只眼睛镶着红红的不知叫什么的宝石，闪亮闪亮的。整个官房比瓷盆略高一些，可以骑在上面。官房的口是略长的椭圆形，有盖，盖的正中卧着一条蝎虎，作为提手……我不知有多少次看着老太后骑在上面，用手纸逗着大壁虎玩。

大壁虎的肚里，是香木的细末，要干松而蓬蓬着，便物下坠后，立即滚入香木末里，被香木包起来，根本看不见脏东西，当然更不会有什么恶气味了。

这种便器简直就是一件艺术品，使用一次，在感觉上不啻一次美好的享受，但这种享受只能专属一个人。这种在便溺时也要保持天下第一的尊严和极舒适的享用姿态，也是封建王朝典章制度的一个突出特点。

# 北方民族马术



历史学家指出，一部中国北方民族的历史，就是一部北方民族骑马的历史。细细推想，这话不无道理。马及马术的确是北方民族立国的根本：

像吐谷浑青海的龙种马，渤海的名马，日常驰数百里，千里飙举电至的匈奴马，上下崖壁如飞的女真马，来如激矢，去如绝弦，倏来忽往，云屯雾散的突厥马……逐水草而迁徙，征强盛而发展，马与马术可称得上是北方草原地区游牧民族最重要的文化特色。

苏颂在《使辽诗注》中曾这样展示过契丹马与马术的情形：马群，"动

辽代射猎图

以千数，每群牧者才三二人而已。纵其逐水草，不复羁绊，有役则旋驱策而用，终日驰骤而力不困乏。彼谚云‘一分喂，十分骑’”。苏颂还说契丹马的形体，皆不中“相法”，蹄毛俱不剪剃，这是为了使马遂性，以滋生益繁。

满族对马的驯养，在《黑龙江述略》中有明确的记载：

> 罕有菽粟之喂，每以驰骋为事，俯事转膝，惟意所适。暂有卸鞍之暇，则脱羁而放之。栏内不蔽风雪寒暑，放牧于野。

据《宁古塔纪略》：在满族集中的宁古塔地区，八旗在每年的端午节之后，派什库一人率几名兵丁，将马尽放于百里之外有水草处，一直到七月马吃肥了才回来。《满族源流考》曾不无自豪地认为满族一开始没有多少兵，但野战则克，攻城则取，主要是由于马术与射术精湛的缘故。

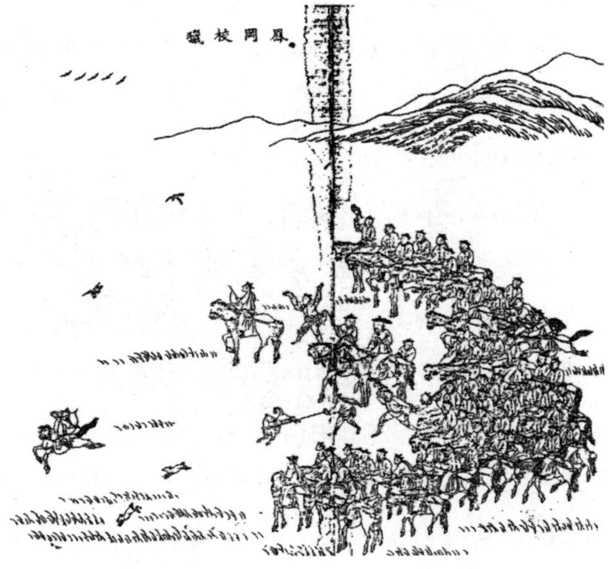

清代狩猎图

尤其是蒙古族，当我们翻开 13 世纪的世界史册，就会惊讶地发现，这一世纪可称为蒙古的世纪，因为整个世界的文明发达的国家和地区，几乎都被来自中国北方草原卷起的“蒙古旋风”所征服。简言之，马成为蒙古族夺取世界的有力工具，他们的成功则又全赖于独特的马术——

初生马驹，即诱之登山，以选拔良驹。

待长大，即骟之。故蒙古马阔壮而有力，柔顺而无性，能耐风寒，耐苦不叫。

马初生一二年，即进行长达三年的调教后再骑。

其训练方法是，以膝撑柱，令其左右；以身俯仰，令其前后；耳目震骇，使之不惊；策之险阻，使之不惧。因此，马左旋右折，能与骑者意向一致。

平日，则恣其水草，不令骑动。待秋高后喂以少量水草，月余，膘落而实，骑数百里，自然无汗，故可耐远出战。

假如使马腰细，可教它走出汗，再驱入冷水内，以便驰骋。

在马的行走中，须掌握速度，缓急相继，以定其气。即使危急之中，也要用这个方法。

要马吃得好，要入夜放牧。在行进中则不能让马吃水草，因这不能成膘而只能生病。一旦驰骤，一定不能让马吃饱，只有待气息调平，四蹄冰冷，才可以纵马恣食。

如狩猎、串包、练跑等，蒙古马的调教均是让其奔驰在广阔草原上，这就养练了蒙古马高速、敏捷、耐力强等特点。个头矮小的蒙古马因而形成了体质粗壮结实，身长，腿短，关节、肌腱发达等特征。良马的标准是：马喂肥时能疾驰，肥瘦适中或瘦时也能疾驰。

为了使全族男女老少都能够驾驭这样的良马，首领还作出“垂训”：军队的将官们应当很好地教会儿子们骑马。于是我们看到蒙人自幼进行马术训练的景象——

绳束以板，络之马上，随母出入。三岁便从众驰骋，四五岁便挟四弓矣。

待长大后，已经能驰马疾如迅雷，用两膝紧夹鞍桥，挽辔控马，像引千钧，即蹶不坠。更能手不持鞭，跋立不坐，左旋右折，身手运转，轻灵若飞翼，长骑不疲。

即使少女、一般妇女，训练得差不多也能和男子一样敏捷地乘马疾奔。

由于马术独特，所以骑蒙古马有一种排山倒海的气势。如《岷峨山人译语》所称："如云合电发，飙腾波流，驰突所至，日月为之夺明，丘陵为之摇震。"

元代以后的汉族政权，也把这种马术保留下来。彭时《彭文宪公笔记》就记录明代皇帝经常在"御苑"范围内主持马术表演：

其制一人骑马执旗于前，二人驰马继出，呈艺于马上，或上或下，或左或右，腾踯矫捷，人马相得。如此者数百骑，后乃为胡服臂鹰走犬围猎状终场，岂金元遗俗欤？

这清楚地表明，北方民族马术对汉族影响之大之深。入主中原的满族，更念念不忘保持北方民族的马术。《钦定大清会典》就记录了清宫"御前部队"设立了专门习马上技艺的"解马营"，而且还"设承应技艺马四十匹"，其目的无非是使北方民族的马术继承传布下去。

在清朝初期，每逢上元灯节，都要在北京的西厂，举行由八旗部队表演的"骗马诸戏"：

或一足立鞍镫而驰者；或两足立马背而驰者；或扳马鞍步行而并马驰者；或两人对面驰来，各在马上腾身互换者；或甲腾出，乙在马上戴甲于首而驰者，曲尽马上之奇。

笑然《圆明园遗闻》还可佐证——

清代皇帝在每年的六月，在圆明园北垣外的安河御马厩驼厂处，与近臣一道检阅“试马”，俗呼为“跑御马”。判定骑士胜负不以速度，而是以“跃换”定高下，即每一人乘一马，牵一马，二马驰至中道，以鞭击所牵之马，马惊驰复乘而追之，追将及马尾，纵身一跃，自己坐于牵马上，奔驰如故，如此者受上赏。若二马相并时而横跃者，为中赏。不及或坠下者，得下赏。

清末画家何元俊还就此情此景，作了一幅这样的图画，刊登于《点石斋画报》上，以记录这清代马术中的盛典，其意在宣扬清代重马术的传统。而早在乾隆时代，御用的西方画家朗世宁，就曾完成过一幅描绘乾隆率领文武官员和杜尔伯特部上层人物，在避暑山庄观看马技表演的《马术图》：

一个个英武健壮的骑士，从丛集的马术骑士队伍中纵马驰出，并在坐骑上表演各式颇具难度的惊险动作：一骑士在飞奔的白马上，一手拿弓，一手握住飞箭。一骑士在飞奔的白马上，手把鞍桥前的铁圈倒立。一骑士在飞奔的白马上，托举起一名两手挥舞小龙旗的骑士。一骑士在飞奔的白马上，直挺挺站立着吹着笛子，神态悠闲……在这些马术骑士的出发处，还有为数不少的骑士，按照顺序，牵引骏马，准备上镫，跃跃欲试……

乾隆之所以选择了马术表演给杜尔伯特首领看，就是想通过马术唤起他们的亲切感，因为在北方民族看来，马术最能体现北方民族的精神。所以，在清代以前，辽国的画家陈及之以唐太宗与突厥可汗和解为题，画了一幅《便桥会盟图》，主要的目的是浓墨重彩地刻画北方民族高超的马术：

茫茫原野上，18位突厥装束骑士，穿着短裙长裙，英姿勃勃，策骑疾进，整个队形正由一字长蛇阵变成圆阵形，每位骑士都在飞速前行的马背上表演着各种姿势的马技。

在画幅中间，一男一女，相对立于马背，在他们之间，滚跳着四个马球，动态逼真。乐师们也站立在奔腾的马背上演奏，吹笛者风度翩翩，拍板者与鼓师对面呼应，乐器伴和，姿势飘逸。前面是两位手执彩巾、舞态绰约的女骑手，站在马背上如履平地，优美动人。接近圆阵旗帜之地，一人在马鞍上起顶倒立，悬空的两足上横着一根木棍，其上还有一人据木起顶……

《便桥会盟图》所表现的突厥马术，显示了北方民族马术所具备的百戏技艺的一面，就像罗马历史学家马西米那斯说匈奴人马术之精，甚至可以蜷曲在狭小的马颈上睡觉一样。元代虞集就对人睡于马上的马术极为推崇，作过一首《金马图》诗（收在《虞学士集》中），歌咏这种高超的马术。而且，北方民族马术所蕴含的这种百戏技艺的一面，在兵戈止息的和平盛世，往往被发扬光大。

如明代刘侗、于奕正《帝京景物略》中的那种“人马并而驰，忽跃而

一人在马鞍上起顶倒立，悬空的两足上横着一根木棍，其上还有一人据木起顶



上，立焉，倒单焉，鬣悬，跃而左右焉，掷鞭忽下，拾而登焉，镫而腹藏焉，鞦而尾赘焉，观者岌岌，愁将落而践也”的“走马卖解”，在明代已经很普遍了。

大文豪徐渭观看这种“走马卖解”后，认为它源自北方民族，“故缀四律，首章用北语”。其实，这种“超腾隐现不离鞍”的马术表演者是一位南方人，但于此却反映出了北方民族马术影响之深。

如果将视线再转向元代，那更是另一番动人的风光了：

胡女牵来狞叱拨，轻身飞上电一抹。
半兜玉镫裹湘裙，不许春泥污罗袜。

这是杨维桢的《走马》诗。还有张宪的《二月八日游皇城西华门外观嘉拏弟走马歌》：

生猿俊健双臂长，左脚蹋镫右蹴缰。
铜铙四扇绕十指，玉声珠碎金琅珰。
黄蛇下饮电掣地，锦鹰打兔起复坠。
神云实几鞍面空，银瓮驼囊两边缒。
西宫彩楼高插天，凤凰缭绕排神仙。
玉皇拍栏误一笑，不觉四蹄如迸烟。
神驹长鸣背凝血，郎君转面醉眼缬。

只撷取其中主要部分，就可知道元大都“走马”水平之高了。张宪不仅是一名观赏者，也是北方民族马术的身体力行者。

宛平火主簿堂，来大都双桥里访问张宪，指其所乘骝马问张宪能骑否，正值翰林承旨汪阔台从骑三十余人，自西往东，已过，张宪便执策就马，足刚及镫，马便奋迅驰突入翰林队里了。群马辟易在烟尘中，只听得翰林们高喊：好马！张宪南驰至双桥，越堑而过，俯首就缰，缰刚及手，已驰过枢密院街。火主簿惊讶张宪久久不归，便骑他马来追……

张宪是一汉族儒生，还如此精熟元人的“走马”之术，足见在当时的大都北方民族马术比赛已成风气。而在北方民族地区，这种马术的举行更是十分频繁。《1619年张诚神甫第三次去鞑靼地区旅行》中，就描述过这种马术的精彩表演：

不扶缰绳向后仰骑，他们的整个身体和四肢，时而向右，时而向左，但从不落地，除了抓鬃毛之外也不抓马。一个骑手在前面引导，他们在马鞍上滚了几次，两脚向上倒立，而马一直在奔跑。此后，他

《便桥会盟图》局部

们倒着骑在马脖子上，表演了其他非凡的技巧……

当然，百戏技艺并不意味着北方民族马术的全部，北方民族马术还包括其他方面，如“诈马戏”等。所谓“诈马戏”，也可称为“套驹”。史学大师赵翼曾四次侍从乾隆观看过这样的马术：

驱生驹之未羁靮者千百群，令善骑者持长竿，竿头有绳作圈络，突入驹队中，驹方惊，而持竿者已绳系驹首，舍己马跨驹背以络络之，驹弗肯受，辄跳跃作人立，而骣骑者夹以两足终不下，须臾已络首而驹即贴伏矣。

赵翼还特意为此赋《套驹》诗：

竿头有绳作圈套，可以络马使就牵。
别乘一马入其队，儿驹见之欲惊溃。
一竿早系驹首来，舍所乘马跨其背。
可怜此驹那肯挚，愕跳而起如人立。
如人直立人转横，人骣而骑势其急。
两足夹无殳上钩，一身簸若箕前粒。
握鬃伏鬣何晏然，衔勒早向驹口穿。
才穿便觉气降伏，弭贴随人为转旋。

这诗句，使这精绝的北方民族马术凸现在读者眼前。然而，统治者的意图绝非单纯欣赏马术，而是将其政治意图寄寓其中，赵翼在《檐曝杂记》中为这种蒙古马术诠释道：

以供睿赏者也。岁岁如此，不特上下情相浃，且驯而习之于驱策之中，意至深远也。

北方民族马术，化为统治者的驾驭笼络北方民族之术，这也算是北方民族马术的另一面。

# 辽金食俗

燕疆不过古北阙，连山渐少多平田。
奚人自作草屋住，契丹骈车依水泉。
橐驼羊马散山谷，草枯水尽一时迁。
……

这是北宋苏辙出使辽国时所作的《出山》诗，映入这位诗人眼帘的是一幅多么偏僻而又荒凉的景象！的确，极目辽代疆域，“地多山林，屋无瓦覆”，“时见畜牧，牛马橐施，尤多青盐、黄豕。亦有挈车帐，逐水草射猎，食止麋粥、粆糒”。这样的生态环境，其物质产品水平可想而知，从辽国给宋朝进贡的礼品单中，便可略见一斑：

法渍法曲面麹酒二十壶，密晒山果十束棂碗，蜜渍山果十束棂匣，烈士梨、柿梨四束棂，罐榛栗、松子、郁李、黑郁李、曲枣、楞梨、棠梨三十箱，面粳糜梨粆十碗，芜荑白盐十碗，青盐十碗，牛、羊、野猪、鱼、鹿腊二十二箱。

从以上物品不难看出辽国的饮食生活状况了。

难怪程大昌《演繁露》不厌其烦地记录了辽主在冬春之际渔猎的情况：

在正月方冻之时，辽主先使人在达鲁河上下十里间，以毛网截鱼，使它们不得散逸。又从而驱之，使鱼集中到设在冰上的辽主与其母的帐篷前。因为在辽主下榻处预先开凿了四个名为“冰眼”的冰窍，中眼透水，其余三个“冰眼”不透水，只是透明的、薄薄的。之所以凿成这样，是因为鱼虽然是水中之物，若是久憋冰中，一旦遇到出水处，它必然要伸首吐气，所以透水的一眼便可以钓到鱼，而薄的不透水的冰眼只是为了窥看鱼是否到来。鱼快要来时，在薄冰眼旁观察者便报告辽主，辽主便将绳钩掷入凿透的冰眼中，瞬间，便可钩中，一旦钩中，便将绳子放松，让它随着鱼去，过一会儿，鱼便疲倦了，再拽绳将鱼带出“冰眼”，这就是得“头鱼”。头鱼得到，辽主便步出冰帐，到别的帐篷张宴作乐，名之为“头鱼宴”。

辽人的另一件大事就是打猎。叶隆礼《契丹国志》记：有时，辽主亲率骑士，奔向湖泊边敲打扁鼓边围绕湖泊转，使栖息于此的野鸭、野鹅惊飞而起，再射它们。待将野鸭、野鹅射杀后，便拔下羽毛插在身上，然后以鼓为座，开怀纵饮。有时又用铜或石为槌去击兔子。秋天则穿着褐裘，呼鹿射之。在辽人心目中，这是最大的快乐。

辽人渔猎，史不绝书。他们常常野猎于山，获兽数千，以充军食。有时六百余里且行且猎，以鲜肉为每日食物。他们有时钓鱼于河，有时捕鹅于湖，通宵达旦，野宴无度。为了实现擒获鹜的目的，辽人选择鹜之所聚地，在春天种稗子，用稗子来引诱鹜，倘发现肥鹜，就将它捕来。有的辽主不管风雨暴至，驱人下湖捕鹅，顷刻舟覆，溺死者达六十余人，这真是为了吃到鹅肉而毫不顾忌。辽穆宗就是因为畋猎无厌，使部下不堪忍受，于获鹅水畔被随侍的庖人辛古等杀死。

可是，渔猎并未因此而中断，对辽人来说“弯弓射猎本天性”。“头鱼宴”、“头鹅宴”作为“虏中盛礼”传沿下来，并给金人以影响。辽国天祚皇帝到混同江钓鱼，千里之内的“女直酋长”都纷纷赶来朝拜，在“头鱼宴”酒酣耳热之时起舞助兴。

明刊本《南柯梦》中金人出猎图



金人和辽人一样，四时渔猎，已成习俗。究其原因，如清代李有棠所说：自过滨、辰州，东京以北，绝少麦面。每晨及夕，各以射到的禽兽当饭。尤其在冬天，金主狩猎的地方，都是随驾亲军密布四周，名之曰“围场”。待狐兔猪鹿散走于“围场”中央时，金主先射箭，或者放出鹰隼去追击，追出“围场”的狐兔猪鹿，才允许其他人捕获。这种打猎，一出就是满月，流动性大，宿处无定，饮食也就随处而进了。这真是：

春粱煮雪安得饱？击兔射鹿夸强雄。
礼成即日卷庐帐，钓鱼射鹅沧海东。

虽然这是苏辙对辽国饮食生活习俗的描写，但它何尝不是金人饮食生活习俗的写照？沙漠野地，山林湖河，决定了辽金人民饮食生活所能够达到的程度。但是，不能因此说他们的饮食生活一无所取，辽金人民借大自然之灵秀，仍然创造出了独具特色的饮食生活习俗。《大金国志》记：金代遍地生长白芍药花，好事之家将它采来，用面煎好，作为款待宾客的素菜。因为这种白芍药味道脆美，而且可以久贮，金人十分珍惜，把它作为“异品”，只有在尊贵的友朋到来之际，才切上“数丝”放入碟中，平常是不随便摆设的。

这就如同刘绩《霏雪录》所说的“黄鼠”一样，“怪为玉食之献，置官守其处，人不得擅取也”。其实，北方的大漠广野，是宜于黄鼠这类穴居动物繁衍生息的，它“畜豆谷于其地以为食用”，形类大鼠，肉极肥腯，味道像小猪仔，但又比小猪仔肉脆。而它之所以成为馈赠贵宾或向宋朝进贡的“珍味”，在某种程度上如王辟之《渑水燕谈录》所记，是和辽金人民将黄鼠捉到，“常以羊乳饲之”有关。

但从一个民族的整体饮食水准观察，辽金的饮食水准还是粗劣的。就以他们须臾不可离开的肉食而言，“炙股烹莆，以余肉和蓁菜，捣臼中糜烂而进，率以为常”。即使是给有身份的人吃的肉粥，也是“以肉并米合煮之”，“皆肉糜”。平日所吃的半生米饭，竟要“渍以生狗血及蒜”。在通常认为的“以雁粉为贵”的盛馔之席上，也“多以生葱蒜韭之属置于上”。正因如此，在为宋君王上寿时，各国使节诸卿面前都“分列环饼、油饼、枣塔为看盘，次列果子”，唯独辽国使节面前加“独羊鸡鹅连骨熟肉为看盘，皆以小绳束之，又生葱韭蒜醋各一碟”。这显然是宋朝出于对辽民族饮食生活习俗的尊重。

辽国在对待宋朝使节上却呈现出另一番模样。朱彧《萍州可谈》说辽人对宋朝使节每天供给一碗乳粥，因为乳粥在辽国是非常珍贵的食品。但是辽人在乳粥中却“沃以生油”，这使宋使无法下咽。宋使节便向他们提出“去油”的意见，辽人也置之不理，直到宋使提出用别的器皿贮生油，以便自己喝乳粥时自用，辽人才点头应允。在辽人看来，生油是最佳的大补之

辽金宴饮图



物，甚至辽皇后生小孩时还要让她“服调酥杏油半盏”。

可见辽民族认为好的食品，宋朝人不一定能接受。徽、钦二帝被囚于金国时，恰逢金帝生日，金人将金帝所赐酒食给他们吃，结果他们吃完，全部呕吐干净。过后他们才知道这是“蜜渍羊肠”，即掺着马肠子煮熟的一种食物，是一般囚禁者吃不到的，乃是金国的“珍味”。可这样的食品和中原地区所流行的炒爆熘蒸、炖鲊卤炙等烹调风味相去甚远，更和那高雅清淡、新奇滋补等色香味形器俱佳的宫廷食膳有霄壤之别，这怎么能不引起宋人“腥膻酸薄不可食”的感慨？

辽金也意识到了自己饮食方式落后这一点，他们竭力向中原饮食文化学习。如辽金在度过岁时节令时，就带有很大的汉化痕迹，但在饮食习俗上却依然故我，自成一体。如九月九日的重阳节，汉俗在这一天往往是登高宴聚，喝菊花酒，或以糕搭在儿童头上，以求“百事皆高”。辽人亦步亦趋，他们也是在高处设立帐篷，饮菊花酒，可前提条件却是举行“打围斗

辽墓壁画



射虎”，以打得少的为负——输“重九一筵席”。

而筵席之物无非是拿出兔子的肝生切，用鹿舌酱拌着吃。辽人倒不是不希望吃到比这更好吃的肉，而是缺少好吃的，他们特别羡慕中原的猪肉，所以辽朝使者每年必向宋朝索要猪肉，或者“胃脏之属”。据韩元吉《桐阴旧话》，甚至宋朝境内的驿司驰骑，都为此而拼命征集，无日不加“棰楚”。

如果说这是辽人出于满足口腹欲，不如说这是辽人仰慕中原饮食文化的一个具体例证。辽民族中的钓鱼之所以成为“盛礼”，其本意不也是模仿中原皇帝常常举行的赏花钓鱼设宴群臣的饮食习俗吗？陆游《家世旧闻》记先祖陆佃在出使辽国时，因见服侍他的一个小仆役执事甚谨，便将吃不了的石榴送给了他，而这小仆役却舍不得吃，要留着带给父母吃。

中原的一个小小的石榴，也会使辽人奉之若佳品，那茶叶，则更是求之若渴了。张舜民《画墁录》说宋朝有一贵公子出使辽国，带了许多“团茶”，因为在辽国，用两个“团茶”就可以换来两匹“番罗”。“解渴不须调乳酪，冰瓯刚进小团茶”，清人陆长春对辽代饮茶生活的吟咏绝非空穴来风，是有充分事实根据的。

随着茶叶的交易，“茶食”也深入辽金民族的日常生活中。金人在人生重大的婚姻典礼中，都以摆上“茶食”为正规。而所谓“茶食”，只不过是先进一种像汉民族常食用的“寒具”，即炸麻花之类的大软脂、小软脂的食物，次进一盘“蜜糕”。只有待整个宴会结束，对待来参加婚礼的上客，才端上“建茗”。茶叶成了只有富者才能“啜之”的饮料，而“粗者”只能喝乳酪。

随着宋朝与辽金的频繁交往，辽金也逐渐学会了宋朝的一套“茶食”方式。在宋朝使节来到金国时，金人就以“先汤后茶”接待，这一待客方式颇具汉家风范。安置好宿处，金人又在晚食时，“先设茶筵”。“茶筵”由瓦垄、桂皮、鸡肠、银铤、饼饵等小食品构成。其中，有一种用蜜和面、油煎成，取其形似唤作“西施舌”的茶点最受金人的厚爱。毫无疑问，这种宛如人舌，吃来柔软的茶点取于中原，这真是以汉族之食再还于汉族。

“茶筵”到此并不算结束，金人再供应馒头、血羹、饽饦、肚羹、烫羊饼、子解粥肉齑、索面骨头盘子……早晨供应的点心则又翻出新花样：灌肺、油饼、枣糕、面粥……这已经与中原的饮食相差无几了。灌肺、油饼、枣糕均是两宋时期都市里的大众食品。在东京，“灌肺”是作为天晓入市的诸人的“早点”随处叫卖的。到了临安，“涌金门灌肺”则成了著名市食。东京、临安，专营“油饼”的食店，比比皆是。枣糕是普通市民逗小孩玩耍时的小食品。

即使辽金开始了“城郭以居”的生活，辽金的待客方式一时仍难摆脱“虏食”风味。宋使路振去辽国时，辽国待之以上宾，并由驸马都尉兰陵郡王肖宁侑宴，江少虞《宋朝事实类苑》记其场面是：

先荐骆糜，用杓而啖焉。熊肪羊豚雉兔之肉为濡肉，牛鹿雁鹜熊貉之肉为腊肉，割之令方正，杂置大盘中。二胡衣鲜洁衣，持帨巾，执刀匕，偏割猪肉，以啖汉使。

这种用匕首入口的进食方式，不由让人想起宋人为辽人所作的“沿边壮士生食肉”的诗句来，但它较之生吞活剥已前进了一大步。

中期的辽国已陆续建筑起了上、东、南、西、中五大京都，苏颂出奚山路，入中京界时，就看见道旁店舍颇多，人物亦众，而且食邸门前挂着木刻朱旗，这使苏颂欣喜地吟咏出了“朱极刻旗村肆食”、“物俗依稀亦慕华”的句子。辽民族就是如此积极地向中原饮食文化看齐。



实际上，早在公元943年，辽太宗就遣使入贡于南唐，持羊30000口、马200匹来卖。其目的之一是换得钱，来买最能代表汉民族饮食文化水平的“茶药”。为了达到获得中原饮食文明这一目的，辽金民族是不惜一切代价的，有时竟借战乱而强夺。靖康元年（1126），金人在攻打宋朝首都之际，就向宋政府“索酒匠五十人，酒三千瓶”。后来的周辉出使金国，所饮的味道颇佳名为“金澜”的酒，虽说是用金国境内的金澜水酿成，但不能不说这和汉民族输出的酒及酒匠有关，因为在金代相当长的一段历史上，只有过“多酿糜为酒”的记载。

当然，大量的饮食杂物，还是通过正常的贸易渠道所获得。辽金专门设立了物品“互市”的“榷场”，从《金史》中“泗州场岁供”的物品中就可见到这种迹象：

新茶千胯，荔支五百斤，圆眼五百斤，金橘六千斤，橄榄五百斤，芭蕉干三百个，苏木千斤，温柑七千个，橘子八千个，沙糖三百斤，生姜六百斤，栀子九十称……

正是由于有了这样广泛的饮食交易，辽金民族啖生喝血的饮食结构才得以改变。《辽史》记载：降黜的辽王公扈从中，也出现了“庖丁七人、酿酒司三人”。金主款待“夏使”，也摆出了一副饮食大国的架势，有“食官、监厨、称肉官各一”，“尚食局直长、汤药直长各一，厨子五，奉饮直长一，过食司吏八十，街市厨子四十”。这些现象绝非孤立，乃是一个民族整体饮食水准的反映，倘没有众多的山珍，何必设那么多厨人庖丁？若没有佳美的酒食，怎么能有奉饮直长、过食司吏等官职？

尽管这些都带有皇家色调，可这毕竟与辽金民族前期的“人仰湩乳”、“渔猎给生”的格局不同。毋庸置疑，在辽金民族后期，一个具有汉化倾向的饮食体系正逐步形成。南宋洪皓在滞留金国期间所记金主供给南宋使者的食品，就给我们留下了一系列雄辩的证物：

> 日给细酒二十量，罐羊肉八斤，果子口五百，杂使钱五百，白面三斤，油半斤，醋二升，盐半斤，粉一斤，细白菜三升，面酱半斤，大柴三束。

以上“日给”，几乎囊括了自宋元以来人们所津津乐道的人生七桩大事——柴、米、油、盐、酱、醋、茶，它标志着全新的饮食生活的光芒已经普照到了辽金民族。

同时，饮食习俗的变化也是和城市的繁荣密不可分的，只有商品经济发展的果实——城市的壮大，才使享厨爨以捬毛血成为现实。《乘轺录》记辽代的幽州城中就有 26 场，“列肆者百室”。南京则城北有市场，陆海货物，聚于其中。“膏腴、蔬蓏、果实、稻粱之类，靡不毕出，而桑、柘、麻、麦、羊、豕、雉、兔，不问可知。”这里既有辽国的物产，也有来自中原的物产，两水交流，汇成了一条五彩斑斓的饮食长河。

金代的饮食市场更加宏丽，宋话本《杨思温燕山逢故人》描写的燕山市内的“秦楼”，其广大，“便似东京的樊楼一般，楼上有六十个阁儿，下面散铺七八十副桌凳”。这等规模的酒楼，足以表明金代燕山饮食市场消费能量之大，它至少可以和北宋最负盛名的东京樊楼相媲美了。山西五台山北麓繁峙县金代正隆三年（1158）所绘的壁画，还可以使我们知道：金代的食肆酒楼是非常发达的，楼阁的宏伟，各式食贩的忙碌，歌姬舞女表演的繁忙，丝毫不逊色于繁荣的中原。

但并不能因此说，只有宋代给辽金以影响，辽金对宋代就没有影响和贡献了。从辽开始，就有好食物传入中原，填补了中原饮食的空白。仅以水果而言，在辽代之前，中原是没有西瓜的。辽国兴起之后，据说契丹破回纥时得到一种水果种子，契丹用牛粪覆盖而加以栽培，培育出来的西瓜，其大如中原的冬瓜，而味道甘甜，可以生食，这就是西瓜。也许是地理位置相近的缘故，金代也有人专门种植西瓜，元好问《续夷坚志》所记临晋一农家可为代表，他种了“一窠西瓜”，达“一千二三百颗”。随着贸易的发展，西瓜也传入了汉族居住的地区。在临安街头，“西瓜仁”作为一种大众小吃出售，这显然是辽金西瓜的流韵。

还有赵州的瓜，瓜以小为贵，味甜肉脆。每有汉使来到，金人便用盒



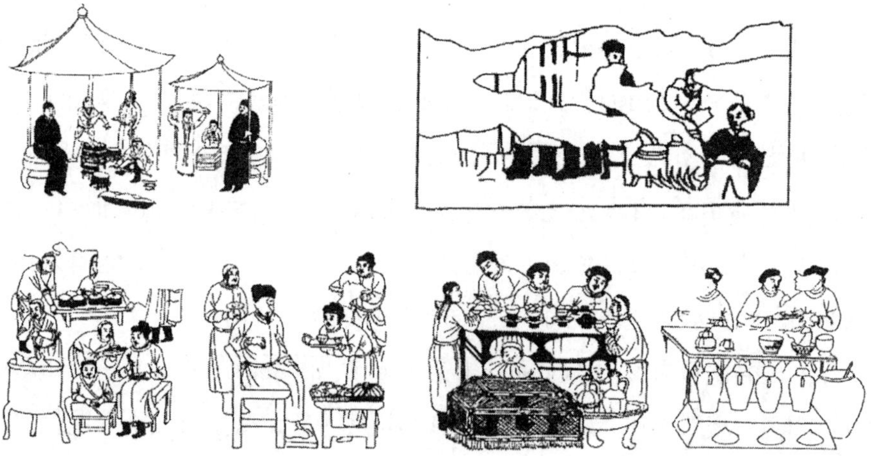

宴饮图

装满赵州瓜送到汉使住的门前，任取以食。周辉《清波别志》记他在北征时曾带了几个赵州瓜回来，赠给了李太。李太素善做酱，因此学会了“渍瓜法”，金人是非常欣赏李太的这一“赵州渍瓜法”的，认为它和金国风味“逼真”，所以，李太老了便辞职专靠出售“赵州渍瓜”为生。绍兴辛巳，赵构驾幸江上，经过无锡，小太监到市场买到了“赵州渍瓜”，献给了赵构。赵构吃后异常满意，屡屡宣索，有时竟“尝呼唤至夜”。

至于其他食物，如乳酪这一辽金的特色食品，也进入了北宋的都城。“烹乳酪之珍馐”，此话不错，乳酪独特的风味受到了广大市民的欢迎。东京城里，“乳酪张家”就是专门经营乳酪而成名的，尤其清明时节，纷纷奔向郊外上坟的人们，把乳酪当成了“节食”。南渡以后，乳酪又在南宋都城临安，成了市民每日不可或缺的食品之一。正是由于人们非常向往乳酪，饮食商贩便开动脑筋，将这乳酪独有的风味加以变化，做成“酪面”，像临安著名的市食“酪面”便是。在临安卖“酪面”的，只后市街贺家一份，而且价钱十分昂贵，“每个五百贯”。但由于“此北食也”，临安市民买物有一癖好，多趋有名之家，竞相争买这“贺四酪面”，用两个油饼夹着吃。因为它是从东京流化来的食品，宋高宗也经常品尝，并念贺家是东京来的市民，予以厚赏。乳酪为“北食”争得了一席之地，人们似乎从乳酪认识到“北食”的可爱与可贵。

在临安，“北食店”又唤作“羊饭店”，且有重、轻，即“速饱”与“欲迟”之分，重者如大骨饭、软羊，轻者如托胎、奶房之类。别的食物亦以其独有的风味，进入饮食的史册，如白羊髓饼、艾糕、大黄汤等。典籍《居家必用事类全集》专辟“女直食品”一栏，记录了“厮剌葵菜冷羹”、“蒸羊眉突”、“塔不剌鸭子”、“野鸡撒孙”、“柿糕”、“高丽栗糕”等，虽谈不上洋洋大观，但它既有冷盘，又有热蒸，烹调技法，样样俱全。它们和其他“北食”作为永不凋谢的饮食之花，在中华民族的饮食大花圃中散发着迷人的馨香。

# 快　餐

古代中国的快餐，可以理解为两个层面的意思。一是顷刻间马上就可以吃的食物菜肴，如隋朝炀帝时尚食直长谢讽《食经》中的“急成小馁”，它是专为满足一时口腹之欲的少数人而作的，以体现烹调技术为目的。

快餐的另一个意思是指已形成规模的饮食行业，将原料制配成大批量的食馔，以满足源源不断的大众需要的一种餐饮方式。如唐德宗时长安两市有礼席，三四百人的饮食“常可立办”，这是很典型的快餐了。

笔者认为，走到这一步，至少需要具备这样三个基本条件：

一是专以快捷为主的“快餐”在饮食行业中独立出来，厨师的刀工尤需出色；

二是各种方便食品花样繁多，制作技术精湛；

三是烹饪炊具、燃料日趋先进。

构成“快餐”的这三个基本条件，在唐代的某些地方就已经有这方面的苗头了，如《太平广记》说长安有不少“沽浆卖饼之家”，这可以理解成小“快餐”店，还有推车出卖蒸饼、卖䭔的、粥饼馎饦店、饆饠店，凌晨，城市里门未开，已有卖饼糕的了……这都是名副其实的为生活忙碌的人们制作的“快餐”。这种现象在宋代尤为突出。只要翻开洪迈的《夷坚志》，随处都可见到形形色色的市民，在商品大潮涌来的时候，纷纷选择饮食服务的职业为赚钱的捷径，如有卖饼饵蓼糤的，卖蒸芋的，卖粥的，卖胡饼的，卖猪羊血羹的，还有卖专育鳅鳝于瓮器中，旋杀旋烹的鱼饭快餐的……

与星罗棋布的“草市”同步的是市民开设的、为适应匆匆忙忙、经商外出之人需求的、本小利微的许多“食店”。《水浒传》第五十三回有这样一个场面可以佐证：李逵在蓟州赶路，见路旁有一面店，“里面都坐满了，没有一个空处”，李逵入座，一次要了六碗“壮面”。可由于店伙计上面“都搬入里面去了”，未及时给李逵，李逵便焦躁骂了起来。

这正是宋代饮食小店即快餐店的真实写照。在这方面，以东京食店开办得最有成效，这是由于东京商贩和手工业者颇多，这些人为追逐利润，生活节奏特快，“往往只于市店旋买饮食，不置家蔬”。所以，食店为适应这些人的需要，突出的是一个“快”字。

食店常备百味羹、头羹、新法鹑子羹、三脆羹、二色腰子、虾蕈、鸡蕈、浑炮羹、旋粉玉素棋子群仙羹、假河鲀、白渫荠、货鳜鱼、假元鱼、肉醋托胎衬肠、紫苏鱼等，都可以索唤，没有一味有缺的。假如不喜欢这些菜肴，店家也可以按食客的要求去做，而且是“即时供应”！看来李逵因店伙计供面不及时而发脾气，是情有可原的。

南宋临安的这种“快餐店”，据《梦粱录》称：“凡点索茶食，大要及时。”据笔者统计这类可“及时”就餐的食物，其中有羹，如三软羹、群鲜羹等；有粉，如梅血细粉、杂合粉等；有鱼，如鲜鱼脍、腂子沙鱼丝儿；有鸡，如脯小鸡、五味炙小鸡；有鹌，如笋焙鹌子、蜜炙鹌子；有野味，如清供野味、辣熬野味；有蟹，如橙酿蟹、酒泼蟹……

这些均可随时索唤，厨师应手供造品尝、不致缺少的菜肴，就达二百四十余种，如包括那些托盘担架到食店叫卖的“快餐菜肴”，品种就更多了。食品中，花样最多的属面食，面食中最多的“快餐”要属面条，主要有：

猪羊阉生面、鸡丝面、三鲜面、鱼桐皮面、盐煎面、笋泼肉面、炒鸡面、大熬面、子料浇虾臊面、银丝冷淘、笋臊虀淘、鸡丝淘、耍鱼面、熟虀笋肉淘面……

面条还有专业店，如专卖素面的：大片铺羊面、三鲜面、炒鳝面、卷鱼面、笋辣面、乳虀面、笋虀面、笋菜淘面、七宝棋子、百花棋子等面。更有专卖血脏、虀肉菜面、笋淘面、素骨头面等“快餐面”的。

面条之所以这样多，就是因为它薄，易熟，再加以预先做好的各样“浇头”，当然是较为理想的“快餐”了。而且，这类“快餐”，准备起来也十分迅速，其气氛也是极快的：如各桌顾客所要不同饭菜，或热，或冷，或温，或绝冷，精浇粗浇，告诉跑堂者，跑堂者尽随客便，捷走至厨灶前，从头唱念，报与当案师傅。片刻，饭菜做好，又由跑堂者托盘端出，从头散下，无不合诸位顾客的口味。

《都城纪胜》针对“点索食次，大要及时”这一趋势，还提出吃米饭的方法：如欲速饱，要前重后轻。就是先上“重”的，如头羹、石髓饭、大骨饭、泡饭、软羊、浙米饭等；后上“轻”的，如托胎、奶房、肚尖、肚胘、腰子之类的煎炒小菜。重轻合理搭配，使人吃起来有序而又感到很快。

还有供应市民四时点心的“荤素从食店”，它的宗旨也是“任便索唤，不误主顾”。点心做得十分精美，各式馒头、饼、小食品、糕、裹蒸米食、炙鸭熟食应有尽有，达百余种。像其中“熬肉”的吃法，在宋话本《宋四公大闹禁魂张》中有所描写：

> 解开熬肉裹儿，擘开一个蒸饼，把四五块肥底熬肉多蘸些椒盐，卷做一卷，嚼得两口。

可见熬肉是一种无盐熟肉，可合蒸饼吃。在南宋，熬肉各处均有卖，宋四公就是在旅途中的谟县买的。这种专为旅行、有急事的人而制作的方便快食，正如《梦粱录》所概括的那样，“可以应仓猝之需”。

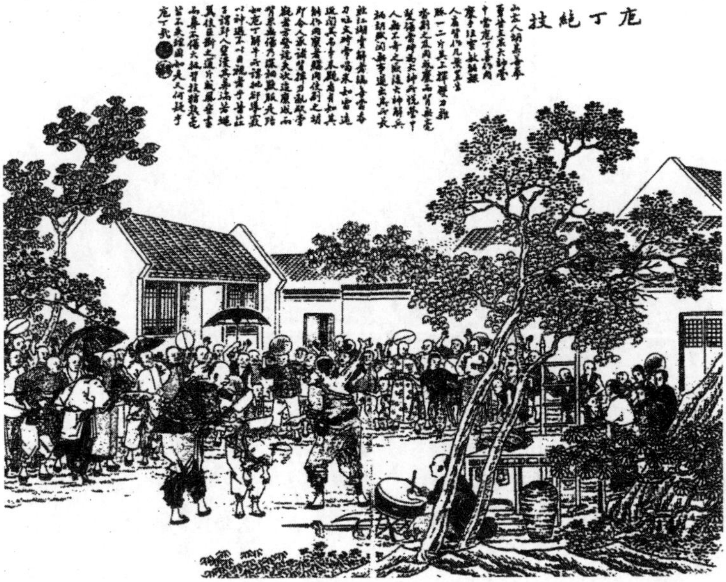


《点石斋画报·庖丁绝技》



方便快食是很受大众欢迎的。南宋淳祐辛亥十一年（1251），平江府昆山县就制作了一种“细仅一分，其薄如纸”的“药棋面”。这种干面条，耐保存，易携带，可以运到远方，临安的官僚、平民均非常喜欢食用。这也是元忽思慧《饮膳正要》中所提到的“挂面”的先声。

一滴水可以反映出太阳的光辉，宋代的“快餐”以其优良的服务质量、适口的味道，领导了当时饮食行业的新潮流，以至在范祖述《杭俗遗风》所描写的清代杭州“快餐”中，仍然可以找到宋代“快餐”的影子。“快餐”已在古代饮食行业中形成了独秀的一枝，原因固然是多方面的，但与“快餐”主要由方便食品构成，以及厨师的刀工精细是分不开的。

只有轻捷如飞、疾若电闪、割纤析微、分毫不爽的刀工，才能使动物、植物原料，变化成为易于制作的形状，在短暂的时间内投入烹调。就像清代的山东厨师胡某，以人背为案，置一二斤生猪肉，挥刀砍剁，观者方惊

卖鱼圆图

讶失色，肉酱已成。破额山人《夜航船》中也写到一剁肉者，将去皮骨的十斤猪肉，安放在一儿童背上，用两把快斧，仅一盏茶工夫，便把肉剁得稀烂！而儿童背上不见纤痕。

类似这样的“快刀”，在古代中国虽不多见，但“快刀”的精髓却由来已久。如汉代桓彬《七设》写道：“三牲之供，鲤鲂之脍，飞刀徽整，叠似蚋羽。”唐代专论刀工的《砍脍书》，其中就有“小晃白”、“大晃白”、“舞梨花”、“柳叶缕”、“对翻蛱蝶”、“千丈线”等名，大都是用来形容快刀运势与所切肉菜细薄的情景。至清代，李光庭《乡言解颐》还使人看到：

河北林亭有红、白事家，日至数十席，唯王姓厨父子兄弟三四人，通力合作，绰有余裕。其时席面用四个大碗、四个七寸盘、四个中碗，四大八小，所用的鸡猪鱼蔬，必整必熟，没有生吞活剥的毛病，真是置办快餐的能手。

还有一位叫林功臣的厨师，能制非常清洁的宴席，而且更快。有想吃多达数十种及至百种的“全羊席”者，羊还未杀，而客想登席，孙慢应着说：只管请入座。他先用烧尾、焰腰、泡肚之类下酒，渐次烹煮，一会儿就把“全羊席”上来了……

正是这样的“快刀”，为“快餐”的形成奠定了雄厚的基础。而奠定“快餐”另一基础的则是方便食品与菜肴制作技术的日益繁多与精湛。它的主要表现是：

自宋以来，发酵技术在面团制作中已广泛使用，油酥面团制法日趋成熟，馅心食品变化多样。如元代可快吃可携带的“干面食品”，其馅心就含有各种动物、植物原料，甜、咸、酸、辣口味均有，且品种很多，仅“羊肚馅”一种就可制出十种馒头。

明清时期，方便食品愈来愈多，并成系列。主要的如清代《调鼎集》总结的那样，有面条、饼、酥油面食品、发面食品、馍馍、馄饨、面卷、粳糯粉食、米粉糕、粉饼、粉饺、饽饽等一百六十余种。如有一种白粉浸透，制成小片，入脂油炸，起锅时加洋糖掺，色白如霜的“风枵”，入口而化，真是制作极快的美味了。

这些“快餐”食品，在明清饮食市场上是颇为流行的，以至吃“快餐”成为一种时尚，所以才有了清代闲园鞠农《燕市货声》对“快餐”饮食的归纳和介绍：

香蕈蘑菇馅的素包子、红白蜂糕、枣窝窝、爱窝窝、江米年糕、甜浆粥、油炸果、烘饼、玉面馒头、糖杂面、江米果馅甑儿糕、三角儿炸焦、排插糖麻花、马鞍烧饼、油炸糕、糖耳朵、蜜麻花、干糖麻花、现定现蒸的烫面饺、甜酸豆汁儿、桂花缸烙、大薄脆、豌豆黄、黄米面煎糕、豆面糕、糖饽饽、澄沙饽饽、凉镟粉、煎饼大油炸鬼、白糖儿馒头、穗子油韭菜馅包子、花椒盐的蒸饼、枣儿澄沙的蒸饼、又加玫瑰又加糖的酸梅汤、凉炒面、雪花的酪、年糕、豆糁糕、面茶、江米的热年糕、杏仁茶、硬面饽饽、油酥烧饼、马蹄烧饼、黄面火烧、小米面火烧、大块切糕、黄米的

清代饽饽铺



年糕、小炸食、焦炸糕、千层饼儿馒头、羊肉馅包子……

如此丰富的“快餐”品种，使人不难感受到市民大众对“快餐”的喜欢程度之深。面对“快餐”食品咄咄逼人的势头，菜肴的快餐化也不甘落后，许多快速炒菜技法应运而生，明清之际出现的“爆炒”，就是其中的代表。如明代高濂《饮馔服食笺》、清代朱彝尊《食宪鸿秘》中所介绍的“爆炒腰子”，其法是：

将切好的原料，投入旺火滚油锅中，迅捷短炒，烹制成菜，即所谓“入油锅爆炒”，“一烹即起”。这种紧凑、急速的炒法，带动了“快餐”菜肴的发展，继之，又有水爆、生爆、熟爆……明清的“快餐”菜肴已如花团锦簇，争芳斗艳。像《成都通览》所记清代成都的南馆，已达到了只要客人进馆，所需菜肴“咄嗟可办”的程度，其快炒菜肴技法于此可见一斑。

“快餐”形成的另一基本条件是制作“快餐”的先进器具不断涌现，像

清吴友如绘《古今谈丛图·乡饮大宾》

煎盘、锹、烤炉、制油酥点心的模型，可压细条有漏孔的“木床”……尤其是宋代，已出现了岳珂《桯史》所记的“燎炉”：在小火炉外镶木架，可自由移动，不用人力吹火，炉门拔风，燃烧充分，火力很旺，清洁无烟，安全防火，且节约时间、人力和燃料，长久耐燃，又易于控制火候，它是古代烹饪炊具的一大改进。河南偃师县出土的宋代妇女切脍画像砖上，就有这样一架“燎炉”，足见其普及范围之广。

推究燎炉风行的根源，也是由于宋代普遍采用了耐燃煤炭的缘故。庄季裕《鸡肋编》说东京数百万人家，都是依靠煤炭，没有一家烧柴的。又据《宋会要》等记载，煤在全国范围内已经被普遍使用。这无疑为“快餐”的出现，提供了坚实的物质基础，否则古代中国饮食行业中普遍的、大众化的“快餐”可能还要推迟若干时间才会出现。

# 唐宋文身



1991 年，笔者接到日本千叶工业大学中国史教授安野省三所赠的数篇学术论文。其中有一篇《中国的异端・无赖》，文中考证说：

“文身”作为“黥刑”起于周代，在前汉文帝时代废止。魏晋南北朝又复活，唐朝的法律上未见到。五代后晋天福三年，“文身”作为向边境发配的犯人脸上用墨汁刺字的新奇刑罚又被设立。从此以后至宋元明清的一千多年中，“文身”一直存在。

文中，安野先生还举了南宋庄绰《鸡肋编》所记张俊一军，“择卒之少壮长大者，自臀而下文刺至足，谓之‘花腿’，京师旧日浮浪辈以此为夸”这条史料，以此来表明“文身”为宋代无赖之习俗。

这一观点勾起了我的思索：“文身”考证的线索是大致不差的，但是将“文身”完全归之于无赖所好则不够全面了。因为，在宋代有许多志士为了表示自己某种信念，也曾“文身”。名将岳飞，他的背上就刺有“精忠报国”四个大字，深入肌理。马步军都头呼延赞自言受国恩，誓不与契丹同生，“文其体为‘赤心杀契丹’，至于妻子、仆使，同爨皆然”。这都反映了“文身”已不限于无赖。

不可否认，“文身”确为不法之徒的标示。宋代话本《万秀娘仇报山亭儿》里的强贼就是如此：

看这个人，兜腮卷口，面上刺着六个大字。这汉不知怎地，人都叫他作大字焦吉。大官人乘着酒兴，就身上指出一件物事来道："我是襄阳府上一个好汉，不认得时，我说与你道，教你：顶门上走了三魂，脚板下荡散七魄。"掀起两只腿上间朱刺着的文字，道："这个便是我姓名……"

这种"文身"现象并非"飞来峰"，而是有其渊源的。首先它是唐代军阀们重开"文身"之法以示刑罚的老调重弹——后梁的朱全忠，因部下窜匿不止，州郡疲于追捕，遂"下令文面健儿，文面自此始也"。别镇军阀，相继仿效。幽州的刘仁恭，"部内男子无贵贱，并黥其面，文曰'定霸州'；士人黥其臂，文曰'一心事主'。由是燕蓟人民，例多鲸涅，或伏窜而免"。山南东道节度使安从进、左襄阳竟纠集商旅庶民，都予以"文身"充军。

由于"文身"含有严惩不贷、誓死血战的意义，自然易被好勇斗狠之人所接受。自唐代起此类事件就不绝于史书。如唐代上都街肆的恶少年，"率髡而肤札，备众物形状，恃诸军张拳强劫，至有以蛇集酒家，捉羊胛击人者"。其中有一唤张干者，在左膊刺上"生不怕京兆尹"，在右膊刺上"死不畏阎罗王"。而宋代饶州的居民朱三，自恃臂股胸背皆刺文绣，每年郡人祭神，他必攘袂在迎神的七圣袄队中为领头的，还常以"无奈我何"自居，横行无忌。

对于这样的"文身"作乱者，唐宋政府采取严厉镇压措施。唐会昌年间，薛元赏出任长安行政长官，当时，"都市多侠少年，以黛墨镵肤，夸诡力，剽夺坊闾"。薛元赏下令捕捉，并当众杖死三十余人，以致吓得其他"文身"者，"争以火灭其文"。宋政府对处罚"文身"态度也是很积极、坚决的，凡检举"文身"者，"给赏钱一百贯"。

然而，"文身"毕竟自周代起即是华东、东北等地区部族的风俗习惯，"东方四夷，被发文身"，其中，越地最为普遍，连越王勾践，也剪发文身。

"宋人资章甫适诸越，越人短发文身，无所用之。"即使到了安野先生所认为的"文身"为无赖青睐的宋代，这种现象仍延续着。

现仅以宋代海南黎族妇女"文身"为例：海南的黎族女子是以"绣面"为饰的。这是因为黎女美丽，一向"为外人所窃"，所以有气节的黎女，便用"绣面"砺俗。宋代的黎女"绣面"，就好像当时中原地区女子的"上笄"一样：

> 女年及笄，置酒会亲旧女伴。自施针笔，为极细花卉飞蛾之形，绚之以遍地淡粟纹，有皙白而绣文翠青，花纹晓了，工致极佳者。

范成大的《桂海虞衡志》、乐史的《太平寰宇记》、郑樵的《通志略》等典籍，也有与此几乎相同的记述。应该说，黎族女子"文身"的风习，对宋代以汉族为主的地区也有所影响。

当然，早在唐代的"文身"刑罚中，就已经开始了将"文身"转向美饰的变化。《画墁录》曾云：周太祖郭威，"微时，与冯晖同里闬，相善也。推理无赖，靡所不至。既而各窜赤籍，一日有道士见之，问其能，曰：吾业雕刺。二人同令刺之。郭于项右作雀，左作谷粟；冯以脐作瓮，中作雁数只"。这段史事在《五代周史平话》中则演变为：少年郭威，因用石子驱赶偷吃谷粟的麻雀，误伤邻家孩儿，使其气绝。到了官府，量郭威 11 岁难以加刑，便"唤针笔匠就面颊左边刺个雀儿"，以让郭威记取所犯事由。

这一史实表明，唐五代已出现专门雕刺"文身"的职业匠人，以及专在官府、行伍供职，只雕刺犯人和士兵的"针笔匠"。又如反映宋代生活的《水浒传》第七回、第八回、第十二回等章回中，出现了为衙门所雇唤，给罪犯面颊身上"刺字"的"文墨匠人"。

专门雕刺的职业"文笔匠"，是凭手艺挣钱过活的，是很讲究技术的。唐五代时的"刘知远出去将钱雇请针笔匠文身，左手刺个仙女，右手刺一条抢宝青龙，背脊上刺一个‘关天夜叉’”。这明显不同于只作标记的“刺字”水平，而带有美饰意味。如《水浒传》第二回，史太公请了一位“高手匠人”，在史进全身刺了共有九条龙的“花绣”。又第六十一回，卢俊义见燕青“一身雪练也似白肉”，便也请了一位“高手匠人”，给燕青刺了“遍体花绣”。

这就使我们了解到，唐宋“针笔匠”不仅专业化，而且还有粗下、高细之分，粗下者只能作简单的“刺字”，高细者则能刺出好看又复杂的“花绣”图形来。唐代段成式曾记录了许多这样“文身”的例子：

> 蜀小将韦少卿，韦表微堂兄也。少不喜书，嗜好札青。其季父尝令解衣视之，胸上刺一树，树杪集鸟数十。其下悬镜，镜鼻系索，有人止



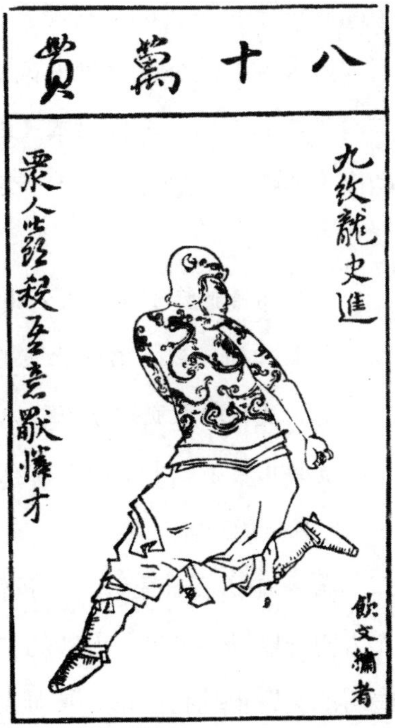


明刊本《水浒叶子》插图：九纹龙史进

于侧牵之。叔不解问焉，少卿笑曰："叔不曾读张燕公诗否？'挽镜寒鸦集'耳。"

荆州街子葛清，勇不肤挠，自颈以下，遍刺白居易舍人诗。成式尝与荆客陈至呼观之，令其自解，背上亦能暗记。反手指其札处，至"不是此花偏爱菊"，则有一人持杯临菊丛。又"黄夹缬林寒有叶"，则指一树，树上挂缬，缬窠锁胜绝细。凡刻三十余首，体无完肤，陈至呼为白舍人待诗图也。

又有王力奴，以钱五千召札工，可胸腹为山、亭院、池榭、草木、鸟兽，无不悉具，细若设色。



唐末的无赖男子，也往往用"文身"比试高低，有的是在身上刺上著名的《辋川图》，有的是刺上白居易、罗隐的百首诗歌……

这些例子使我们嗅到的是对高雅文化仰慕的气息。而安野先生所举保卫皇帝的张俊军士的"花腿"例证，恰恰反映了他们其意是以"花文身"讨龙颜大悦，以至连无赖也竞相仿效"花文身"，这当然是由于"花文身"具有美饰的作用。宋代话本《郭节使立功神臂弓》中，作者就着力描写了两个无赖相斗，先以"文身"夺人的场面：

郑信脱膊下来，众人看了喝采。先自人材出众，那堪满体雕青：左臂上三仙仗剑，右臂上五鬼擒龙；胸前一搭御屏风，脊背上巴山龙出水。夏扯驴也脱膊下来，众人打一看时，那厮身上刺着的是木拐梯子，黄胖儿忍字。当下两个在花园中厮打，赌个输赢。

满身雕复杂图案者一"亮相"，就博得了喝彩，而身上图案单一者则无人叫好捧场。可见，无赖的"文身"也要予以美饰，这已成为一种时尚。倘若"文"上独特图形，更显与众不同。宋代的人们也多以"文身"者所刺图形称呼其人。像《夷坚志》所记：

> 吉州太和民谢六以盗成家，举体雕青，故人目为花六，自称曰“青狮子”。
>
> 有拣停军人张花项，衣道士服，俗以其项多雕篆，故目之为花项。
>
> 忠翊郎王超者，太原人。壮勇有力，善骑射。面刺双旗，因以得名。

值得注意的是，“文身”越来越多地成为美貌的象征。在宋代人眼中，漂亮人物的形象，则须是“文身”者。如《水浒传》第四十四回中的杨雄：“那人生得好表人物，露出蓝靛般一身花绣。”这样的男子是最易得到妇女喜爱的。南宋永康军有一妓女谒灵王庙时，见门外一马卒，“颀然而长，容壮伟硕。两股文绣飞动，谛观慕之，眷恋不能去”。燕青正是凭着一身“似玉亭柱上铺着软翠”的“花绣”，引得东京名妓李师师都要他脱衣“求现”，并用手“去摸他身上”。当我们用史料与小说相比照，也就不奇怪为什么在宋代有人“刺淫戏于身肤”了。这正像明人胡应麟在分析唐代张安贫儿为什么要在胳臂刺上诗时，认为这是“札刺名号，以互相思忆”，“狭斜游人与娼狎，多为此态”。

也许正是由于“文身”可以更真切地使异性迷恋，在一个“技巧则惊人耳目”的氛围中，它格外获得了人们的认同。政府的高级官员也要以“文身”为荣耀。徽宗朝的李邦彦，身为宰相，每每侍宴，他也“将生绢画成龙文贴体，将呈技艺，则裸其衣，宣示文身”。这种本无“文身”，却偏偏要显示有“文身”的做法，无非是为了赶时髦。而有人就是因“文其身”，得到了皇帝所赐“锦体谪仙”的雅号。所以，在东京大街上，光天化日之下，普通百姓也是要露出“浑身赤膊，一身锦片也似文字”。

在南宋临安，市民们则组成了专门的“文身”社团——“锦体社”。剧作家则在戏剧中塑造了“文身”人物形象，每逢临安举行盛大节庆活动时，逡行于西湖的技艺画舫上，“倶装小太尉、七圣、二郎神、神鬼、快行、锦体浪子”出演。为了促进酒的销售，诸酒库请来技艺人助兴，其中也要有“乔妆”的“锦体浪子”形象。技艺人中亦不乏“文身”者，像“唱赚”的“雕花杨一郎”。他“文身”的目的无疑是希望引起更多市民的关注。还有存世的宋代《眼药酸》绢画可资佐证，画中右边作市井细民打扮者，头巾扎作冲天形态，着圆领青衫，系腰带，穿白裤，蹬练鞋，袖挽至肘，露出青色的“文身”手臂。这种故意露出“文身”模样，是为了表演，是为了取悦于市民，也可说是市民喜欢“文身”人物的最为真实的记录，它仿佛使我们触摸到了宋代人们对“文身”热烈喜爱的历史脉搏……

通过以上的巡视，观者不禁要提出这样一个问题：“文身”为什么在唐宋兴盛，并有鲜明的美饰倾向？笔者认为，只有将“文身”现象放在文化大背景上去观察，才会对唐宋“文身”有较为清楚的体会。

唐宋时代是中国历史上经济文化昌盛的时代，尤其是宋代，它的科技和文化均是空前的。这一时代著作家所勾勒出来的人物、景象，无一不显得明朗而又蓬勃，雄厚而又酣畅淋漓。那边塞戎行的书生，那稻谷茂盛的田野；靓妆俊美策马驰骋的女子，深海远洋劈波斩浪的巨舰；即使那偎红倚翠的柳永，也是那么洒脱自如，浅斟低唱也是那样流畅动人……唐宋气象是一种昂扬的、精致的文化气象，就像《说文》解释“文”的含意是“错画也”一样，唐宋的时代特征是文采斐然。

传统的东西，或扬弃或美化，不断地标新立异，或超凡脱俗。一向身居深闺后院的妇女竟也成了这个时代的报春燕子，从唐墓出土的石刻和《虢国夫人游春图》等画卷来看，唐代贵妇乳房半露或完全袒胸裸臂，向世人炫耀身材的丰满。宋代女子则在最热闹的上元灯节，在皇帝与万众面前，脱衣裸身，相扑为戏，使肌体尽露，引人观赏，以至司马光为之惊诧，专上一《论上元令妇人相扑状》。

“文身”的市井细民



是的，唐宋时代发生着前无古人的变化。长安、东京作为当时世界上最大的城市，以宏伟气度，伸开臂膀，接纳着四方宾客。为了向海内外展示自己豪放不羁、自信十足、勇往直前的风采，一时间，人们意识到“文身”最容易向外界传播这种文化韵味。“文身”这一旧有的传统样式，就是在这样的文化大背景下翻出新花样来的。

大家已看到，在唐宋之前，“文身”主要是作为刑罚使用的，尽管有些少数部族崇尚它，但“文身”的影响还未迈向政治、经济、文化的中心——城市，只是到了唐宋，“文身”才跳出刑罚的藩篱，甩开了部族的局限，普遍升华为一种较为特殊的文化符号，在整个社会水面上荡漾开来。

特别是在宋代，“文身”几乎到了无孔不入的地步。宦门的婴儿，如兵部侍郎王湖公出生时，便全体刺上百花鸟雀。以文雅自负的儒士也“文身”。血统高贵的皇族子弟也不可抗拒地卷入了“文身”的旋涡，虽然皇家发出“凡人一被文刺，终身不可洗除”、“有玷祖宗，莫此为甚”的恫吓，并作出“宗室不许雕青”、违者加以处罚的规定。

可是，一种文化样式一经被群众认同，又怎么能阻挡住它的奔涌冲泻？用宋代高承的话来说：“今世俗皆文身，作鱼龙飞仙鬼神等像，或为花卉文字。”学者也为“文身”寻根究源，宋代的王观国经过对秦伯、虞仲因故“乃奔荆蛮，文身断发，盖自同于蛮夷之习”的考据，得出结论道：“文身断发，粤俗之所好也，非避蛟龙之害也。”

这种从风俗上肯定“文身”的学术做法，为“文身”找到了正宗，这显然也是宋代“文身”发展已很深入民众的一种折射。但我们不能忽略了唐代“文身”，虽然它没有达到宋代那样的程度，可正是唐代的“文身”托着宋代“文身”攀上中国“文身”的最高峰。因为再往后看，元、明、清乃至民国的“文身”样式从未越过宋代“文身”的水平，只不过是在宋代“文身”基础上的复制。这样的观察点是可以成立的，以此推广而去，在研究中国古代文化史问题时，笔者也将遵循这样的线索作如是观。

# 迎神赛会

迎神赛会最早的源头可追溯到远古，《周礼·夏司马》就记载了这种性质的“大傩”活动。随着历史的演变，这种载歌载舞的祭祀礼仪，逐渐变化为迎神、敬香等不同主题、内容丰富的活动。

《洛阳伽蓝记》中描绘了一幅长秋寺四月四日出一负佛像的白象场景：辟邪的狮子在前面开路，簇拥的队伍中有吞刀吐火、彩童上索等表演，奇技异服，文物成行。象停之处，观者如堵……

此后的迎神赛会均按照这种模式繁衍，它的特色都是边行进，边表演，名为娱神而成会，实际上是集娱乐观赏于一体的群众性的文化聚会。这种文化聚会在明清达到了极盛。明代王稚登的《吴社编》，曾就迎神赛会作过综述：

凡神所栖舍，具威仪、箫鼓、杂戏迎之曰会。优伶伎乐，粉墨绮缟，角抵鱼龙之属，缤纷陆离，靡不毕陈，香风花蔼，迤逦日夕，翱翔去来，云屯鸟散，这是会的大概。

主其事的叫“会首”，荒隅小市的叫“助会”，神像过门，士女罗拜，是“接会”“看会”。会行有数十名手搏者为前驱，这叫“打会”，接着，为“妆会”“走会”“舍会”，等等。

迎神赛会包罗万象，杂剧有“虎牢关”“游赤壁”“水晶宫”“采桑娘”等；神鬼有“观世音”、“二郎神”、“钟馗嫁妹”、“西竺取经”等；人物有伍子胥、宋公明、十八学士、十八诸侯等；技术有“傀儡”“刀门”“戏马”“走索”等；缠结有“蓝关亭”“五云亭”“锦球门”“秋千架”等；乐部有“得胜乐”“清平调”“双合笙”“敧拍鼓”等；珍异有“珍珠带”、“商金鞍”、“错金兵仗”、“百斤沉香”等；散妆有“打围场”“平倭队”“斗蟋蟀”“采芝仙”……

迎神赛会，竭尽铺陈之能事。洞庭会中的黄白龙，是裒金银掩鬓为鳞，又用金银指环连为长垣，维之以行。一只燃放的爆竹，要四个人才能抬起来。饰征西寡妇的十二姣童，所骑骏马都是珠勒银鞍；按乐的锦衣少年，金铙长笛，连老艺人也自叹不如。

迎神赛会不光铺陈豪华，其器具制作也是惊人的。祭器是用瓜仁垒起的，花石、牲牢、樽壶、俎豆，像雪圃霜林，琼筵玉席。雕檐曲楯，叠架

清《万寿山观会图》

清四川《立春出会图》（局部）

连楣，如黄屋琉璃，光射清旭，却是用麦柴制成的。车仓之谷，则用稻黍，甃为楼观、轩楹、楣牖，动合准绳，光洁澄丽。

迎神赛会上，技艺更是动人心魄，狮子金目熊皮，两人蒙之，一人戴木面具，装月氏奚奴，持绣球导舞，两人蹲跳按节，若出一体。弄伞的是一架五伞，大伞如屋，一人耍弄，左提右揽，人们看去，只觉他唇端、额上、腕畔都是伞……

王稚登所叙只是明代苏州一地的迎神赛会，但我们从此可以了解到明代的南方城市迎神赛会的一些基本特征。可与之相对比的是清代北方城市天津的迎神赛会，这种由康熙谒天妃宫，民间做百戏以献神娱康熙而得名

清《普庆升平图》中迎神赛会场面

的“皇会”，自乾隆初期就一直坚持不断，成为天津主要的文化娱乐活动。

可以说，天津一入三月，便每日赛会，光怪陆离，百戏云集。各县大邑，远道而来；泊船之处，无隙可寻；红颜白鬓，迷漫于途；百业停工，交通断绝；辇驾出巡，填塞街巷；通宵达旦，歌舞如狂……

“皇会”名目繁多，令人目不暇接，全盛时期仅“法鼓会”就达九十多起。略而言之，主要有：法鼓会、八仙会、鲜花会、捷兽会、五虎扛箱会、门幡老会、太平花鼓会、重阁老会、灯牌、接香会、銮驾、黄轿、宝辇、华辇、护辇、请驾会、太狮会、鹤龄会、宝鼎、宝塔会、大乐老会、十不闲会等。



这些会的成员多由天津附近各乡镇居民、行业中人组成。如清初每年四月初十前后在北京西郊妙峰山天仙娘娘庙表演的“狮子会”，均由北京的“棚匠”组成。由于棚匠善于高空作业，这样的迎神赛会也最耐人看（参看

《海上百艳图·石狮会》

本书《绝技》一文中关于棚匠的记述）。

只要看看急急忙忙赶着去看迎神赛会的乡下人，就可以想见这城里的迎神赛会有多大的吸引力了：

> 俺四月赶了一个莫州庙，多半年无事家里闲着。闻听人家说京都的皇会多热闹，待去看无有盘缠，又得赶集去把粮食粜。现放着武艺内装着霸王鞭，响动就唱离京调，老头子说拿着倭瓜就扛被套，路途远又遥。过了卢沟桥，紧赶慢赶城门又关了，寻不着豆腐房，宿了一个五道庙，天明起来早。进城头一遭，两眼似离鸡，四下里观睄。……进了城乐坏我了，穿街越巷又出了城，到了高亮桥，唬了我一大跳。谁家的大衣架放的拦着道，睁眼往前瞧，果然热闹，两边景致没看见一遭，广些花花物……

这是清代王廷绍《霓裳续谱》中的《乡老庆寿》，但这杂曲并不意味着清代农村中的迎神赛会不热闹，相反，这样耐人看的迎神赛会，在明清广大的农村更为普遍，随便翻一下明清的地方志，便可感受到迎神赛会之风的强烈。《嘉靖武康县志》记此县各村在清明前几天，便装扮台阁，如癫如狂。又《嘉靖广平府志》记此府凡遇春祈秋报之时，乡人便醵钱谷祭神，次日正赛，乐人装戏……

明代黄晧《蓬轩吴记》说迎神赛会时，神像都像王者一样着赭衣冲天巾，夫人都像王妃一样盛饰，其意在斗胜相夸。迎神赛会已演化成了技艺的竞赛，服装的竞赛，敬重神灵的竞赛，历史文化修养的竞赛。清代笪重光《江上诗集》专有《赛太尉》来介绍这种现象：

> 村人迎太尉，绕巷复巡陂。
> 雉尾攒神冠，绣襦为神帏。

神来日颠倒，神喜风披靡。
儿童戴粉面，丁壮舞红衣。
恣睢魏武皇，袅娜越西施。
箫管杀铜钲，彩绳挥金椎。
二社互争雄，四村无敢窥。

这样的迎神赛会，倘无经济力量支持，是很难举行的。简言之，迎神赛会成了一村、一县、一地区的经济晴雨表。明代陈鸿、陈邦贤《熙朝莆靖小记》说此地在窘迫时举行迎春会，只“妆扮故事百余架，点缀春光，俱是里长答应。用桌一只，后造一屏，二人扛抬，饰小儿为男女坐桌上，无甚好衣服”。情况好转后，“春架借各班戏子妆扮，新造高大木架，用四人扛，请好儿童三四人，饰新鲜衣服，演闹热故事，更相争赛”。于此可

《点石斋画报·钟馗赛会》

见，明代农村的迎神赛会多在地方富庶的情况下举行。

《嘉靖仁和县志》记此县的迎神赛会就是起于成化末年承平之时。一鲁姓者倡议七月十三日为诸侯降生，立会庆祝，一方富豪，各出己资，装饰各种抬阁，次第排列，导以鼓乐，绕街迎展。这样搞了两年，欣动他境，以至互仿相效……

迎神赛会也多在有灾害时举行。海外散人《榕城记闻》所记录的就是崇祯十五年（1642）二月间，榕城出现了瘟疫，按乡例便祈禳土神，当时的情景是：

更有一种屠沽及游手之徒，或扮鬼脸，或充皂隶，沿街迎赛，互相夸耀。继作纸舟，极其精致，器用杂物，无所不备，兴工出水，皆择吉辰，如造舟焉。出水名曰“出海”，以五帝逐疫出海而去也。是日，杀羊宰猪，向舟而祭，百十为群，鸣锣伐鼓，锣数十面，鼓亦如之。与执事者或摇旗，或扶舟，喊呐喧阗，震心动魄。当其先也，或又设一傩，纸糊五帝与部曲，乘以驿骑，旋绕都市四周。执香随从者以数千计，皆屏息于烈日中，谓之“请相”。及舟行之际，则疾趋恐后，蒸汗如雨，颠踬不测，亦所甘心。一乡甫毕，一乡又起，甚而三四乡，六七乡同日行者。自二月至八月，市镇乡村日成鬼国，巡抚张公严禁始止。

无论在何种情况下举行的迎神赛会，都以其技艺的、宗教的、服饰的、器具的等丰富多彩的样式，吸引着人们，并日益广泛地传播着，影响所及，以至明代南京妓院都举行了赛会。周晖《续金陵琐事》这样说道：

有色业俱优者，或二十三姓，结为手帕姊妹。每上节以春檠巧具肴核相赛，名“盒子会”。凡得奇品为胜，输者罚酒，酌胜者中有

清吴友如绘《风俗志图说·磨子会》

所私，亦来挟锄会。厌厌夜饮，弥月而止。席间设灯张乐，各出其技能……

这已超出迎神赛会范围，但又不能说不是赛会的一种。至清代，类似这样的赛会，愈演愈烈，尤其是那些财力雄厚的商人参与其间的赛会。金安清《水窗春呓》记嘉庆年间淮城商人举行的一次“群花会”：

二十四位佳丽各出一玩好为缠头，或珠，或玉，或披霞，或汉璧，都是人世间罕有而精巧绝伦的物品。二十四位佳丽无一雷同，价值达万金以上。临河观众数千人，都认为这是神仙高会。

奢侈风气一开，迎神赛会赛俭朴了，就会使人抬不起头来。吴震方《岭南杂记》这样说道：

粤俗最喜赛神迎会，凡遇神诞则举国若狂。余在佛山，见迎会者台阁故事，争奇斗巧，富家竞出珠玉珍宝，装饰孩童，置之彩舆，高二丈，陆离炫目。大抵爆俱以缯彩装饰，四人舁之，声彻远近，中藏小爆数百，五色纸随风飞舞如蝶。闻未乱时更盛，土人颇惭此会殊寒俭矣。

正因这种心理作祟，所以各地迎神赛会，无不全力以赴，使迎神赛会的费用、规模不断攀升，豪华日甚。正像陈懋仁《泉南杂志》批评迎神赛会时说的：“不但靡费钱财，恒有斗奇角胜之祸。”有的就是因为场面浩大，不堪承负，难以为继了。还有的盲目追求表面效应，但组织失调，结果践踏死人，时有发生。



《天津皇会考纪》载：光绪十年（1884），三十二人担的，底高八尺，底

《海上百艳图·生菜会》

清吴友如绘《风俗志图说·蟠桃会》

上共有三抬，每抬占据一层，每层有数名童子演剧的“抬阁”，其上发生了晒死“王母娘娘”一事。起因是：第二抬阁最高层为王姓六岁小儿，扮王母娘娘，童子被绳子缚在抬阁中心一铁柱上，若飞凌空，观者无不称奇，但太伤人道。因扮演者不得饮食走动，出会时，日光暴热，王儿索水无应者，喊病也无应者，一直到晕到死，也无人理会。

又有“报事灵童会”，一个扮演头戴紫金冠的童子，冠上镶嵌一个大如鸽卵，用金钢钻匝的珍珠，价值三万金，谁知第二日冠上珍珠丢失。原来出会前一天，北京及各地就有三百多著名小偷来到天津，一偷施展手段将此珠窃走……

更为严重的是迎神赛会上的沿户按门劝募的敛钱弊病，使人怨声载道，却碍难拒绝。盖此弊病根深蒂固，早在宋代就已露其端倪：

李焘《续资治通鉴长编》记录仁宗嘉祐五年（1060）时成都所部诸州，

《海上百艳图·翠冠赛会》

每年都有游惰不逞之民，以祭赛鬼神为名，敛求钱物。一坊巷至聚三二百人，作将军、曹吏、牙直之号，执枪刀、旗幡、队仗，及以妇人为男子衣，或男子衣妇人衣，导以音乐百戏，三四夜往来不绝。

李焘针对此情，深有感慨地说："虽已揭榜禁约，然远方风俗相沿，恐难骤止，请具条制。"可是有了条制就能制止这种恶习吗？答案是否定的。乾隆时期的名士杨无怪在《皇会论》中还描绘了这些游手好闲敛钱者的形象：

> 口称善事，手拿知单。有钱无钱，强派上脸。图了热闹，赚了吃穿。

然而，这绝不是迎神赛会的原意……

# 器物小识

通过人工技巧从天然界开发出有用之物，这是中国所特有的技术观。

——中国科学技术史研究者 潘吉星

# 最早的暖水瓶

中国的暖水瓶究竟始于何时？笔者通过对宋代文献史料的研究认为：暖水瓶在北宋的后期就已经开始制作并使用了。其证据是：

> 张虞卿者，文定公齐贤裔孙，居西京伊阳县小水镇。得古瓶于土中，色甚黑，颇爱之，置书室养花。方冬极寒，一夕忘去水，意为冻裂。明日视之，凡他物有水者皆冻，独此瓶不然。异之，试以汤，终日不冷。张或与客出郊，置瓶于箧，倾水瀹茗，皆如新沸者，自是始知秘。惜后为醉仆触碎。视其中，与常陶器等，但夹底厚几二寸，有鬼执火似燎，刻画甚精，无人能识其为何时物也。

这条史料使我们得知暖水瓶已经在北宋开始使用并引起人们的新奇感与神秘感。另一条史料则清楚地描述了在玻璃胆瓶上涂附水银的制作技术过程：

> 徽宗尝以紫琉璃胆瓶十，付小珰，使命匠范金托其里。珰持示范匠，皆束手曰："置金于中，当用铁篦熨烙之，乃妥帖。而是器颈窄不能容，又脆薄不堪手触，必治之，且破碎，宁获罪，不敢为也。"珰知不可强，漫贮箧中。他日，行廛间，见锡工扣陶器精甚，试以一授之

曰："为我托里。"工不复拟议，但约明旦来取。至则已毕。珰曰："吾观汝技能，绝出禁苑诸人右，顾屈居此，得非以贫累乎？"因以实谂之。答曰："易事耳。"珰即与俱入，而奏其事。

上亦欲亲阅视，为之幸后苑，悉呼众金工列庭下，一一询之，皆如昨说。锡工者独前，取金锻治，薄如纸，举而裹瓶外。众咄曰："若然，谁不能？固知汝俗工，何足办此。"其人笑不应，俄剥所裹者押于银箸上，插瓶中，稍稍实以汞，掩瓶口，左右浻洞之。良久，金附著满中，了无罅隙，徐以爪甲匀其上而已。众始愕眙相视。其人奏言："琉璃为器，岂复容坚物振触，独水银柔而重，徐入而不伤，虽其性必蚀金，然非目所睹处，无害也。"上大喜，厚赉赐，遣之。

这两条史料均出自《夷坚志》，是目前所能找到的中国古代暖水瓶的最早的记录。第一条史料是说张齐贤孙子辈分的张虞卿已使用了暖水瓶。张齐贤，是宋真宗时兵部尚书，卒于1014年。他的裔孙张虞卿当生活在北宋中后期，或确切地说主要生活在宋徽宗时期。而另一条史料刚好可与之互证。

众所周知，暖水瓶是一种双层玻璃容器，内外壁在顶部完全封拢，将夹层中的空气抽出来。暖水瓶的内壁需镀上一层水银，这是为了减少由辐射传走的热量。《夷坚志》中这两条史料表明：宋代的暖水瓶已有了今日暖水瓶的雏形。

首先是第一条史料记张虞卿所拥有的暖水瓶"夹底厚几二寸"，这就证实了这种暖水瓶是中间有空隙的双层构造，"夹底"即夹层。

第二条史料则记述了锡工剥所裹金箔，押于银筷子上，插入玻璃瓶中，再输入水银，掩住瓶口，左右摇动，以使水银涂镀在瓶胆上，这大体是符合暖水瓶制作技术的。

这两条史料所反映出来的暖水瓶的情况，若放在整个宋代制作玻璃瓶、水银的历史中去观察，就会发现这已不是个别现象了。

考之宋代典籍，我们可以得知：玻璃是自然之物，彩泽光润，逾于众玉。它用石英砂、纯碱、长石及石灰为主料，有时加入少量澄清剂，将原料混合、熔融、匀化后，加工成形，再经退火处理而得玻璃制品。

宋代已能够进行这种玻璃品的制作，宋徽宗一次就能给小太监10个紫色玻璃瓶，就已表示宋代的玻璃瓶制作的数量已不小，而且品种多样，质量也相当不错。

因为在此之前，就有孔平仲的《海南琉璃瓶》诗：



手持苍翠玉，终日看无足。
秋天长在眼，春水忽盈掬。
莹然无埃尘，可以清心曲。
有酒自此倾，金樽莫相渎。

又如后来张耒的《琉璃瓶歌赠晃二》诗中：

非石非玉色绀青，昆吾宝铁雕春冰。
表里洞彻中虚明，宛然而深是为瓶。
以有易无百货倾，室中开橐光出楹。

透过这样的诗句，不难想见琉璃瓶的晶莹，质量的优良。

而且，宋代政府在与外国贸易过程中，还非常注意吸收外国的玻璃瓶制作技术。笔者在翻检这一时期的中外贸易史料时，发现波斯语国家与宋朝贸易的“方物”中玻璃瓶为一大项。

如自建隆二年（961）起，占城就进有“大食瓶”，即伊朗瓶。而伊朗国贸易的“方物”中，每次都有玻璃制品，以各式玻璃瓶为多。如至道元年（995），一次“贡品”中就有：

> 眼药二十小琉璃瓶，白沙糖三琉璃瓮，千年枣、舶上五味子，各六琉璃瓶，舶上褊桃一琉璃瓶，蔷薇水二十琉璃瓶。

伊朗的玻璃瓶，为宋代制造质量较好的暖水瓶提供了有益的借鉴。

从制造玻璃暖水瓶的必备之物——水银来看，宋代的水银提炼是很兴盛的。北宋后期，唐慎微《重修政和经史证类备用本草》就作过这样的记载：“作炉，置砂于中，下承以水，上覆以盎器，外加火煅养，则烟飞于上，水银溜于下。”提炼水银的器具和方法的出现是社会对水银的需求量很大的一种反映。

到了南宋，提炼水银已发展成了规模生产。周去非《岭外代答》所记广西桂林地区出现的上火下水的内蒸馏器提炼水银法可为代表：

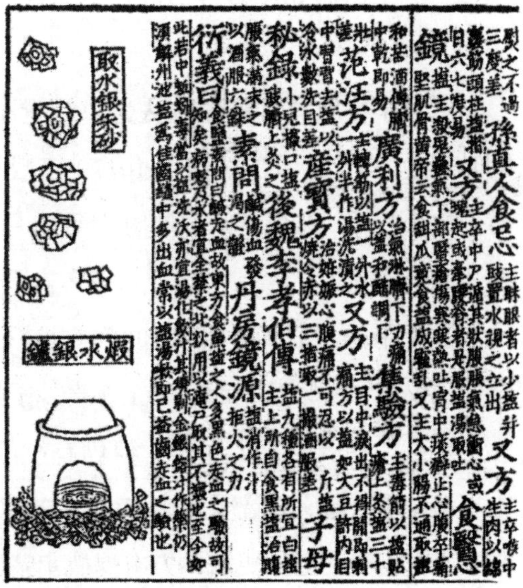


宋代典籍中关于水银的记载

邕人炼丹砂为水银，以铁为上下釜，上釜盛砂，隔以细眼铁板，下釜盛水埋诸地，合二釜之口于地面而封固之。灼以炽火，丹砂得火化为霏雾，得水配合而下坠，遂成水银。

倘若没有社会性的、迫切的对水银的需求，是不会出现这种生产规模大、水银产量高的蒸馏化装置的。

宋代社会所出现的各式各样的炼丹术，也可以证实这一点。在北宋后期，水银就作为一种商品广泛流行了。如“瓢内出汞成金”、“草制汞铁皆成庚”、“市药即干汞”等。南宋的曾敏行《独醒杂志》还记叙：水银烧炼点化之术，“虽因诬诞欺人者甚多，然不可谓无此术”。这从另一侧面告诉了我们，水银在人民的生活中已占有重要的地位。

通过以上探索，我们大致可以了解到，宋代的玻璃瓶制品与水银涂镀技术、水银的提炼技术及使用，都呈现出一派兴旺景象，从而为暖水瓶的生产提供了有利条件。但是，必须看到，这些只是暖水瓶出现的基本科学技术因素，假如没有合适的自然条件、社会环境，暖水瓶也不会在北宋出现。

气象学权威竺可桢先生认为，11 世纪的北宋，是中国历史上最为寒冷的时期之一，仅从天禧元年（1017）至政和三年（1111）这段时间的东京来看：降雪不断，冻死甚众，有时大雪连月，至春不止，平地积雪八尺有余，连飞鸟都冻死了。

进入南宋，公元 12 世纪的临安，气候更为寒冷，降雪之多，胜过北宋，不仅比平常频繁，而且延至暮春。于是，我们就看到了这样的记载：

东京，冬天虽有大风雪，但仍有夜市。除卖点心、水果外，“至三更，方有提瓶卖茶者，盖都人公私荣干，夜深方归也”。临安，“冬日虽大雨雪，亦有夜市盘卖。至三更后，方有提瓶卖茶”。

这两条史料揭示了这样一个史实：商贩们“提瓶卖茶”所用的瓶，是保温的暖水瓶，因为用铁或瓷制成的瓶子装茶水，即使在茶瓶的外面包裹厚实的棉被之类，在极寒冷的冬夜，一会儿也会凉的。

且在宋代，是非常讲究注滚热的汤水于盏碗中，“点开”茶叶或茶饼才饮用的。像蔡襄《茶录》所说：“凡欲点茶，先须熁令热，冷则茶不浮。”还有在宋代笔记、小说、诗歌中屡屡出现的“斗茶”，倘无盛贮热水的暖瓶，无法想象是如何“点茶”相斗的？这就如同没有保暖的瓶胆，在冬夜里不可以卖热茶，而冷茶在冬夜里不可能有市场一样。正因如此，在宋代饮食行业中，“提瓶卖茶”才成为独立的行当。

需要提及的是，宋徽宗是最能追求浮华的，官宦贵吏无不以珍稀物品争相献上邀赏，民间的工匠也无不受这种“侈奢则长人精神”的感染，纷纷钻研奇巧技艺。《夷坚志》中的擅长涂镀水银技术的锡工，就是小太监在百姓居住区发现的。这就表明这种水银涂镀技术已在民间广泛流传。而暖水瓶得到最喜欢奢侈品的徽宗的赏识，会很快推广开来，也是十分可能的。

临安在暖水物品方面就出现了“暖水釜”。既称之“暖水釜”，其构造必是用玻璃为胆，水银为裹。皇帝将这样的暖水器皿，赐给出嫁的公主，说明此类暖水器皿在宫中已普遍使用，并颇得人们的喜爱，从而使使用暖水器皿成为社会的时尚。

那么，宋代的暖水瓶应该是个什么样子呢？目前尚未有出土的宋代暖水瓶实物证实，但这并不妨碍我们从出土的宋代的瓷茶瓶、玻璃水瓶中寻找旁证。

从出土的宋代茶瓶看，它一般造型为宽口，鼓腹，平底，短流，与流成 90° 角的腹壁上安有筒形把手。在江西赣州、景德镇的宋井中，江苏无锡环城河宋代古井中出土的宋代挈瓶，一般为弇口（或敞口）、短颈、溜肩、长圆腹、小圈足（或小平底），为便于提携，在肩部安双系或四系。

此外，从内蒙古奈曼旗，辽开泰七年（1018）陈国公主墓出土的

宣化辽墓壁画中汉仆从手中茶瓶

10 ~ 11 世纪初中亚伊斯兰制造的高颈玻璃水瓶，辽宁朝阳北塔地宫出土的伊斯兰玻璃瓶，天津蓟县独乐寺辽代塔基内发现的伊斯兰刻花玻璃瓶，河北定县北宋太平兴国二年（977）塔墓内发现的六种伊斯兰玻璃器，都能使我们对宋代暖水瓶形状有所推测。

1986 年南京林学院发现的北宋墓中，有许多高约 31 厘米、底 6.4 厘米、口径 6 厘米的瓶子，这些瓶子虽不是玻璃瓶，但考古学家研究认为：已和现今的瓶子十分相似了。另外，宋代《花坞醉归图》中，有一挑着行囊的仆人，行囊后端携带的酒瓶，也为宋代暖水瓶的样式提供了参照。我们可以想见，宋代的暖水瓶虽然不能和现代的暖水瓶完全一样，但其基本样式已无多大差距。

综合以上的考证，笔者倾向于宋代暖水瓶的样式为：

宽口，长颈，长腹，瓶口安有开启的瓶盖，它与暖水瓶包装外腹壁上的近似直角的弧形铁把手相连，箍在瓶颈口上，以便于开启和提携。

也许有一天会出土宋代暖水瓶的实物，那将对笔者的这一考证作出验证。

# 金明池里的船坞

天津艺术博物馆珍藏着一幅《金明池争标图》，这幅张择端所作的绢画，精细描绘出了金明池争标的热闹景象。印之于记述东京风物的《东京梦华录》《醉翁谈录》《枫窗小牍》等著作，它丝丝入扣，为我们了解北宋时期的金明池的面貌提供了相当正确的依据。尤其是图中所绘的“澳屋”，即船坞，尤为宝贵。笔者认为，这是经得起推敲的历史真实：

在中国古代历史中，宋代造船业有着较之以前任何一个时代都要繁荣的表现。官府的、民间的造船工场遍布沿海各地，并以平均每年造船三千余艘的速度进展，而且有的地方所造“舟船深阔各数十丈”，频繁出海入洋，这就使停泊、检查、修补船只的船坞应运而生了。

如宋太宗时的山东青州临朐人张平监阳平都木务兼造船场工之际，“旧官造船既成，以河流湍悍，备其漂失，凡一舟调三户守之，岁役户数千。平遂穿池引水，系舟其中，不复调民”。应该说这是古代史籍中较早的一条关于“湿船坞”的材料。它未说明这种“湿船坞”能不能修补船只，但是据文中“穿池引水”看，这种船坞是一种池子形状，若将池口处堵上，将池中水车干，便变成“干船坞”，是可以修船的。

宋代较为明确的“干船坞”则是和黄怀信这一名字联系在一起的。黄怀信，《宋史》无传，仅在《宋史·河渠志》中有点滴记录：熙宁六年（1073）四月疏导黄河时，王安石采纳黄怀信根据李公议所献疏河的“铁龙爪扬泥车法”而提出了浚河“浚川把”，从而使黄河畅通。由此可见，黄怀信对水利、机械起重都有过精深的研究，堪称专家。

对黄怀信建船坞的记述，主要在沈括《梦溪笔谈》补卷二《权智》中：开国初年，两浙献来一条龙船，长二十多丈，船工造有宫室层楼，其中设有卧床，以备皇帝乘坐游览。由于年长日久，船的腹部腐朽需要修理，但在水中无法施工。熙宁中期，依宦官黄怀信提出的方案，在金明池北挖一个很大的“澳”，其大小可以容下龙船。在“澳”底立上木柱，用大木架在立柱上当梁。于是把金明池的水引入“澳”中，将龙船牵引到梁的上面，随即车干“澳”里的水，龙船便架在空中，修补完以后，再把水引进来，使龙船浮起，再撤去梁柱。在“澳”上盖一座大屋，成为藏船的房子，从此再也不怕船暴露在外面了。

这是目前所能查找到的在船坞中修船的一条较早的史料，在宋代以前，尽管有许多造船的史料，但还未发现船坞的史料。遍查宋代其他典籍，还未发现其他有关在船坞中修船的更详或更简的记载，那么我们就非常有必要将金明池中船坞的来龙去脉搞清楚。

首先要弄清“澳”，蔡绦《铁围山丛谈》说金明池：“池北创大屋深沟以贮龙舟，俗号‘龙澳’者。”孟元老《东京梦华录》也作过类似的记述。从张择端《金明池争标图》中看，“澳屋”是在图之右侧，即金明池北岸正中部位，一跨水高耸敞开无门的大屋。其支柱框架突现于岸堤，后半部未画出，但可以想见整个船坞呈_∏_形。

“澳”有多大？这需看金明池有多大。据载它“周围约九里三十步，池西直径七里许”。池内经常演习“水战”，杨侃《皇畿赋》说它“阵形星罗，万棹如风而倏去”。金明池北岸的“澳”之大小于此可略知其规模。

还有，沈括所说黄怀信监修的大龙船长二十多丈，孟元老说这大龙船“约长三四十丈，阔三四丈”。以宋代 1 丈约合今天 3.07 米计算，大龙船长逾百米，宽十余米，是完全可能的。它“上有层楼台观槛曲”，可谓庞然

宋张择端《金明池争标图》



大物。在金明池中是由“虎头船”等小船用绳牵引，出入于“澳”的，以大龙船的长、宽、高、深之度，便可推算出“澳”，也就是船坞的长、宽、高、深之大略。

“澳”的立体状貌是怎样呢？只能从《金明池争标图》见一侧影，却找不到直接史料，只好去找旁证。北宋天圣初年，在真州（今扬州市南）建通江澳闸，胡宿写下了一篇脍炙人口的《真州水闸记》。在胡宿的笔下，其“澳闸”的结构是：

砻美石以甃其下，筑疆堤以御其冲，横木周旋，双柱特起。深如睡骊之滨，壮若登龙之津。

胡宿所写的是建在水中的“澳闸”，而不是盛大龙船的“澳屋”，可是“深如睡骊之滨，壮若登龙之津”的澳闸，与金明池中的“龙澳”两相对照，可以发现它们还是很接近的。再说，真州水闸建造在黄怀信监修大龙船之先，对他以后建设船坞恐怕不无启发。

“澳”的面貌似乎可以有一能自圆其说的解释，但如何使“澳”中的水车干以在“澳”中修理龙船？1979年，上海交通大学与上海市造船工业局合著的《造船史话》认为：大龙船引入金明池北一大坑后，“再用土墙将坑与金明池隔开，抽掉坑中的水，船就被架了起来，修补非常方便。修缮完工后，将土墙挖去，龙舟又浮了起来。以后，就将木梁木墩拆除”。

这种解释明显与事实不合，因为沈括没做过用土墙将坑与金明池相隔的记录。当然，我们不能因为沈括没有说过，就不能有用土墙相隔来解决船坞的问题的设想了。若用土墙相隔，挖掉土墙，船是可以浮起来了。可是“澳”中都是水，在水中怎么能将承架那样庞大龙船的大木大梁大木墩拆除？如果不将木、梁、墩拆除，大龙船怎么能再次进入船坞？根据《东京梦华录》可以知道，大龙船出船坞俯瞰“争标”，当天便返回船坞。

针对此点，笔者从当时机械起重程度出发，认为关键在于“澳”有个“门”，或者称之为“闸”较与事理相符。其依据是：《东京梦华录》卷一中就记录了开封出入船只的最大城门之一的东水门，“有铁裹窗户，遇夜如闸垂下水面”。这表明完全可以设立一能启闭上下的较大的装置。其启闭的工具应为那种装摇柄和轴的起重装置——绞车，如曾公亮《武经总要》云：

> 绞车，合大木为床，前建二叉手柱，上为绞车，下施四单轮，皆极壮大，力可挽二千斤。

用牲畜或多人，或同时用多部绞车之力是能绞起能容纳大龙船那样宽大的

"龙澳"之门的。

严格地说，这是一种整体升降的"悬门"，又唤作"兼板"、"插板"。曾公亮《武经总要》有这样的描述：

其制用榆槐木，广狭准城门，漫以生牛皮，裹以铁叶，两旁施铁环，贯铁索。门阔五尺，立两颊木，木开池槽，亦用铁叶裹之。若寇至，即以绞车自城楼上抽所贯铁索，下插枢于槽中。

在陈规《守城录》中就可以找到从城墙上用绞车起放"悬门"的记录。而且，北宋雍熙元年（984），乔维岳在淮安至淮阳间人工运河堰中就创"二斗门"，"二门相逾五十步，覆以厦屋，设悬门蓄水"，这与金明池北岸的"龙澳"情况何其相似！按乔维岳设"悬门"的时间计算，它在修龙船之先，前有榜样，足资借鉴，设"悬门"以修船，应为顺理成章之事。

据王应麟《玉海》记载：熙宁六年（1073），汴河就有启闭有时的"水闸"。这些实例都会对如何解决隔断金明池水入"澳"，和引水入"澳"以使船出这一设计思想产生积极作用。一言以蔽之，在大船坞设"悬门"以解决隔水、引水，当是较为合乎规律的。

然而，从张择端所作《金明池争标图》来看，池北岸的"龙澳"上只有"厦屋顶"，却无"悬门"装置。张择端如实写照的"界面"之笔是不容怀疑的。经过反复考证，笔者得出的结论是：黄怀信在浚通黄河时采用的"滑车绞法"，可以解决金明池船坞"悬门"的移动这一难题。

其方法，正是《宋史·河渠志》中所说：

以巨木长八尺，齿长二尺，列于木下如把状，以石压之，两旁系大绳，两端矴大船，相距八十步，各用滑车绞之，去来挠荡泥沙，已又移船而浚。

已故的机械史专家刘仙洲先生，将这种“滑车绞法”总结为“复式滑车法”。在宋人所画的《捕鱼图》中，还可以看到这种方法的原型。其法可作这样表述：

在杆上所装的同一个轴上，装上直径大小不同的两个滑车，使原动力一边，即人搬绞车的一边，转动较大的滑车，再由同轴上的一个较小的滑车转动，以牵动升降重物的绳索，这样就可以用较小的力量吊动较大的重量，使“悬门”容易升降，并移到他处。

修大龙船的船坞的“悬门”，就是采取黄怀信所创的这种方法升降、移动的，所以在画面上看不到“悬门”的装置。

从船坞发展史的角度着眼，无论是张平还是黄怀信，他们都是在继承前辈成就的历史基础之上有所创建的。他们恰恰生逢宋代科技文化昌盛之时，历史的机遇使他们成为这一伟大时代在建造船坞技术方面的一个杰出代表。

欧洲最早的船坞是1495年英王亨利十世时在朴茨茅斯才建立起来的，这是科学史家所公认的史实，那么宋代的黄怀信所主持设计、监修船只的大船坞较欧洲要早得多，它显示了中国科学技术的早熟。更难能可贵的是，张择端的《金明池争标图》对船坞作了形象逼真的描绘，从而为中国、也为世界留下了雄辩的船坞证明。

# 烟火略谈

自火药在中国发明以来，对火药的研究便成了一门世界性的学问。研究者往往将焦点集中在火药的发明年代、流布，以及由火药而引起的燃烧性火器制作方面，对“烟火”的研究似乎不够。记得李约瑟博士曾深有感慨地说:“至今没有人写出关于中国烟火的准确历史。”笔者有感于此，故不揣谫陋，以近年收集来的“烟火”史料，排列对照，加以分析，认为只有把宋元明清时期的“烟火”发展轨迹、概貌弄清，才有可能写出一部较为准确的《中国烟火史》来。

## 一

宋元，是“烟火”发展并奠定各项基础的青年时期。

学者们对这一时期的“烟火”史料进行了网罗，作了不少精辟的论证，但是，迄今为止，宋代“烟火”史料中尚有一段相当重要的，完全可以说是表明宋代“烟火”已达到相当高水平的文字，却被长时间地遗漏了，这是非常令人遗憾的。笔者现就将洪迈《夷坚志》补卷第二十《神霄宫醮》这条史料转录如下，以填补这一缺失：

林灵素于神霄宫夜醮，垂帘殿上，设神霄五青华帝君及九华安妃韩君丈人位。至三鼓，命幕士撤烛立帘外，初闻风雷绕檐，若有巡索，继见火光中数轮离地丈许翔走，空中仙灵跨蹑龙鸾，环佩之声铿然可听。俄闻云间传呼内侍姓名者，全类至尊玉音，掷下所书符箓，墨色犹湿，已而寂然如初。始复张烛，先列酒满大银杯，至是罄无余沥，果盘壳核满地。是时都人相传灵素神异，虽至尊亦敬叹，不知所以然。葛楚辅丞相云：绍兴末年，湖州旌林曹巡检，京师人，故隶名宿卫，能谈宣和旧事。尝言郑太师家命道士章醮，别有道人来，哂其无术，请郑扫洁廷宇，先期斋戒，盛具铺列。明日初夜，家人肃立廷下，内外警欬不闻。忽仙乐玲玲，从空而来，乘彩云下至祠所，伶官执笙箫合乐于前，女童七八人，履虚而行，歌舞自若，而神官仙众逍遥于后。顷之，云烟蔽覆，对面不相见。一大声如净鞭鸣跸，随即寂然，道人不复见，供器皆用金银，并无一存。郑氏知堕术士计中，又畏禁中传说，谓其夜祭神，不敢诵言。盖此夕为奸诈者，尽散乐也。烟云五色者，以焰硝硫黄所为，如戏场弄狮象口中所吐气。女童皆踏索踢弄小倡，先系索于屋角兽头上，践之以行，故望见者以为履空。其他神仙，悉老伶为之，巡检亦个中人也。然则神霄之事，疑若此云！

这条史料之所以重要，就是因为它披露了这样一个事实，那就是作为火药的主要成分——焰硝、硫黄的知识及制配方法，已被普通百姓所了解，所掌握，等于证实了北宋“甚危险骇人”的“吐烟火”等表演。不像有的学者认为的那样，宋代“烟火”的出现不是由于纸扇松香而造成的，而是由焰硝即硝石与硫黄（还有木炭）均匀混合，装置于器具，点火施放，遂形成“对面不相见”，和伴有“一大声如净鞭鸣跸”的声响效果。在公元11世纪，中国人就能够如此潇洒像演戏一样地利用“烟火”进行诈骗活动，这确实具有划时代意义，无论从技术角度还是从文明角度，都可以最高成就载入世界编年史册。

可是，“烟火”的出现，并未马上运用于较为实用的军事等领域，只是作为一种眩人耳目的新鲜玩意儿应用于庆典、节日里。北宋首都东京上元灯节时，大众娱乐节目是“添许多烟火”，商店也都歇业，众人去看“烟火”。可惜的是，出现在话本小说中的此类“烟火”未写明其种类和构成。但是，从曾公亮的笔下我们寻觅到了“烟火”的真实痕迹。据曾公亮记述，北宋有六种“烟火”类的火器，它们是火球、引火球、蒺藜火球、霹雳火球、烟球、毒药烟球（假如再算入制法不同但作用相同的煅烧性火器铁嘴鹞、竹火鹞，那该有八种之多）。

笔者认为，这六种燃烧火器，除却其中的蒺藜、毒药等具有杀伤、窒息的作用外，均可视作“烟火”类火器。试以“霹雳火球”的成分、制作和使用来看：先将火药同铁片一类的杀伤物拌和，然后用多层纸裹上封好，糊成球形硬壳，待其干固后点燃使用。“烟球”则纯粹是用火药制造烟雾，以迷乱人的视野。这正和北宋末年众多技艺会演时，“忽作一声如霹雳”，“烟火大起”，“人面不相睹”的效果类似。如《朱子语类辑略》卷八中的一

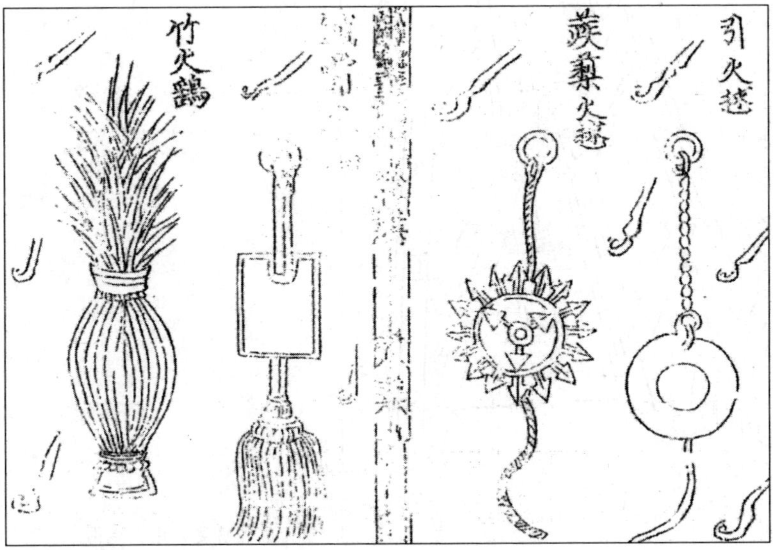


宋《武经总要》中烟火器图

句话："如装鬼戏，放烟火相似，只遮人眼。"也就是说，运用"霹雳火球"、"烟球"的原理、方法制造"烟火"，在当时已是很普遍的了。

从曾公亮的记述中，我们还可以得知：发射燃烧性火器，是将它放进"炮"即抛石机的甩兜中，再用烧红的通锥、钩锥或烙铁，透入球壳，然后抛射出去，瞬间，球内火药由烙烧的球壳引燃发火，于是，燃烧性火器的发射也就成功了。北宋时专门发射燃烧性火器的炮就有14种之多，它们是"炮车"、"单梢炮"、"双梢炮"、"五梢炮"、"七梢炮"、"旋风炮"、"虎蹲炮"、"拄腹炮"、"独脚旋风炮"、"旋风车炮"、"卧车炮"、"车行炮"、"旋风五炮"、"合炮"等。

由于这些炮具备向上抛射很高的功能，也同样适用于大规模的庆典活动。北宋大型园林"艮岳"告成之际，特举行"烟火"晚会祝贺。其燃放

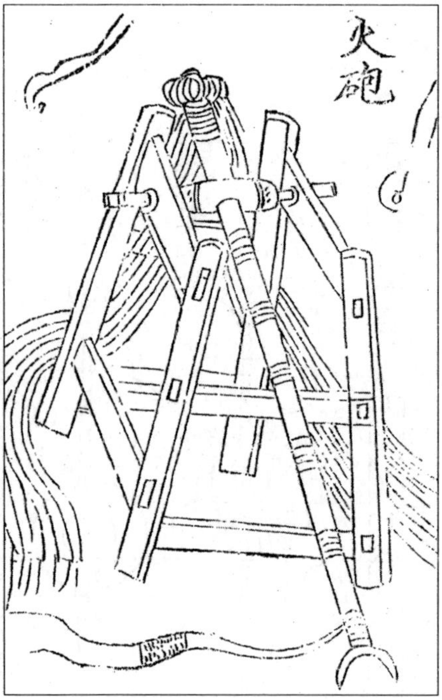


宋《武经总要》中火炮图

场面就是：“烟火起于岩窦，火炬焕于半空。”这种“烟火”明显不同于技艺表演中的“就地放烟火之类”，它能升入“艮岳”假山“腰径百尺”那样的高度，乃至天空中爆炸燃烧，当然属于大型发射器具——炮。

还有史料可以佐证，南宋临安州府每年春季检阅军伍活动，“试炮放烟”是例行的一项。每逢八月十八日观潮时，都统司也要在潮来之前布置部队，乘战舰，于水面往来，施放五色烟火炮。一时黄烟四起，人物不能相看见。以上可知，用炮放大型“烟火”，在两宋期间已不可缺少。

特别值得注意的是，自北宋起，已能燃放色烟、声响兼具，有人物形象的“烟火”了。其燃放过程可以从宋话本《灯花婆婆》窥见大概：“吹得那灯花左旋右旋，如一粒火珠相似。”养娘笑道：

> “夫人，好耍了，烟花儿活了！”话犹未了，只见那灯花三四旋，旋得像碗儿般大的一个火球，滚下地来。哐的一响，如爆竹之声，那灯花爆升，散作火星满地，登时不见了，只见三尺来长一个老婆婆。

这“灯花婆婆”，可以视为宋代初期“人物烟火”的一个样式。

南宋时此类“烟火”则更进一步，“火戏儿”已开始与烧烟火、放爆仗、药法傀儡相并列。其样式为“钟馗捕鬼之类，内藏药线”的大型“屏风烟火”，一次点放，能达到“百余不绝”的地步。这种含有多种人物场景，提高市民欣赏趣味的“烟火”，传递出了“烟火戏”的早春讯息的来临。

此外，在异彩纷呈的艺林，“药发傀儡”颇有市场，否则，“李外宁药发傀儡”绝不会列入《东京梦华录》中。在东京四月八日“浴佛节”，曾展示过“药发傀儡”的生动性，“迎拥一佛子，外饰以金，一手指天，一手指地，其中不知何物为之。唯高二尺许，置于金盘中，众僧举扬佛事，其声振地。士女瞻敬，以祈恩福。或见佛子于金盘中，周行七步，观者愕然。

今之药傀儡者盖得其遗意”。加之傀儡演出，“或见端严奇特，或见丑陋不堪，动转行坐，青黄赤白”，可谓“如真无二”，“百怜百悼”，以此推及“药发傀儡”，自然烟云声响俱全，形象必然妙趣横生。

在南宋，这种“药发傀儡”在临安七十余种的“大小全棚傀儡”中仍占有一席之地，这表明“药发傀儡”是很受市民热爱的。至于其他“烟火”样式，“起轮、走线、流星、水爆”等，已达到了“不可指数”的程度，在民间普及开来。如作为一种小商品出售的“药线”，临安市民将它买来放风筝用，“赌赛输赢，输者倾折三二两药线，每日如此”。



诚如潘吉星先生所言：

> 药线是引爆或串连烟火、爆仗、火箭装置的重要部件，由含硝量高的固体火药制成。它可控制起爆时间，提高使用火药装置的安全性。没有药线，就谈不上制造烟火和火箭。

而“药线”在临安市场上到处可见，市民们对“药线”的作用谙熟，能把它运用到最为一般的娱乐活动中，这意味着制造含硝量高、含硫量低的固体“烟火”的技术条件、社会氛围已经十分成熟。

此外，南宋已出现应召受雇于人而“呈艺”的专职烟火师。南宋詹无咎生动地描写了烟火艺人高超的水平：

> 龟儿吐火，鹤儿衔火。药线上，轮儿走火。十胜一斗七星球，一架上，有许多包裹。
>
> 梨花数朵，杏花数朵。又开放，牡丹数朵。便当场好手路岐人，也须教，点头咽唾。

这种出神入化的“烟火”技艺，在元代继续发展，近年来，被学者们

清传奇《鸳鸯楼》中元宵放烟火图



反复征引的赵孟頫的《赠放烟火者》诗，亦相当生动地展示了元代“烟火”的水平，可使人不解的是，在国内元代典籍中却极少找到“烟火”的轨迹。记录元代文娱生活最为繁盛的大都的《析津志》中，只有一处提及“烟火”。假如大都不是首都的话，恐怕这一处也不会有。

笔者为此作过努力，但所获几近空白，只在陈元靓的笔下找到一条线索，其文云：

> 玄参三两，用蜜一两，水二升，慢火煮干，入瓮合理，露地五日，取出。入焰硝一钱，重同研，臊干，以栀黄纸包，捻作线焚之，绝肖梅花。

这是宋代“药线”的余韵，类似今天的“滴滴星”，应算是“烟火”的一种。

从事物的发展规律来讲，元代“烟火”似应在宋代的基础上有所进步，可是为什么有关“烟火”的记载却少于宋代？较为合理的解释是元代战争连绵，尤其是元代的西征，攻坚克锐，这样就使元统治者将火药主要投入征战上，而不可能像崇尚文化的北宋和偏安一隅的南宋那样，将火药的大部分投放到娱乐性的“烟火”之中。因为，制作“烟火”必像制火药一样，获得了“烟火”的秘密也就等于获得了制火药的秘密，所以，元统治者对制“烟火”控制很严，使之较少被频繁公开地燃放。

但不能因此说元代就没有“烟火”了，更不能因此说元代“烟火”水平要低于宋代。反之，根据已有的“烟火”相同于火药制造的原理去推断，元代“烟火”丝毫不弱于宋代的“烟火”。元代中国周边国家，不都是从中国获取火药的吗？如高丽王朝的军事科学家崔茂宣，就是向粗知焰硝采取方法的元代商人李元“谘问”，才掌握火药技术的。自此，高丽国“始设火熥都监，煎取焰硝”，当时能制造的火器达17种之多。其中当然不乏“烟火”品种，或者在一定程度上说，这17种火器均具“烟火”性质。

在西方的史料中，也许还可以寻觅到更多的元代“烟火”的影子。欧洲获得火药的途径不就是由西征的元军传入的吗？在这方面，冯家升先生有过精辟的述论，潘吉星先生的探索更是富有启发性。他认为1258年元统治者在阿拉伯地区建立的伊儿汗国中的叙利亚人哈桑，在1280年左右所著的《马术的战争策略大全》记录了种类繁多的“烟火”，如“茉莉花”、“月光”、“日光”、“黄舌”、“起轮”、“流星”、“白睡莲”，黄、绿、白、红、蓝五色烟，“中国花”“中国起轮”。这实际证明了中国元代的“烟火”种类是相当丰富的，而且大量传入庞大的元帝国所辖的阿拉伯地区及欧亚地区。

特别是在《元史》上，还有着这样的踪迹：至正十年（1273），阿拉伯人亦思马因，随元军攻打襄阳城。由他督造了能射150斤重的火药包的投掷机，即人们通常所说的“襄阳炮”，或“西域炮”、“回回炮”。这种大炮抛射火药包的力量是很大的，“声震天地，所击无不摧陷，入地七尺”，使宋军极为恐慌而降。当时制造类似“襄阳炮”的工匠还有伊拉克人阿老瓦丁，他与亦思马因同时应元世祖之召，从各自所住国家来到北京“试炮”。

这就告诉我们，中国元代的火药技术知识流传很广泛。不难想见，这种用抛石机发射的火药包，当然也包含有自宋以来的烟球、火球之类的燃烧性火药器，它当然也可以移于“烟火”的施放。而后来的“烟火戏”之所以把“襄阳炮”当成长久的保留节目，无非是从“烟火”的视角去看待它，是着眼于这种巨炮所包容的“烟火”性质。

## 二

明清时期，堪称“烟火”全面成熟的盛期。

在明代，制火药的主要材料硝石，“相当多，但并不广泛用于制备黑火药。因为中国人并不精于使用枪炮，很少用于作战。然而，硝石却大量用于制造焰火，供群众性娱乐或节日时燃放”。甚至一旦年节临近，人们就要“撮弄开个火药铺子”。正像一位阿拉伯人所见的中国明代那样：

烟火十分普遍，老少都会制火药，人人皆知造烟火。

因而“烟火”品种繁茂，较有代表性的“烟火”达 21 种之多。

制造这些“烟火”所需的硝石、硫黄、炭的数量，在典籍中交代得一清二楚，制作步骤明确。在此基础上，清代又推出一些新品种：“倒垂莲”、“大梨花”、“一枝梅”、“一丈菊”、“千丈梅”、“映雪梅”、“金丝菊”、“垂带柳”、“洒蜜蜂”、“宝珠茶”、“小叶梨”、“千叶梨”、“石榴姣”、“葵花”、“孩儿奉花”、“珍珠伞”、“木樨花”、“菊插枯梅”、“大牡丹”、“大木香”、“落地桃”、“落地梅”、“大兰花”、“金线钩银蛾”、“金海棠”、“洞口梨花”、“撒珍珠”、“三春柳”、“一丈兰”。这些“烟火”药量都不大，基本属于百姓家用小“烟火”。

供大众观赏的由火药为动力，配之以傀儡表演的“药发傀儡”，在明清有了长足的进展。所谓“口里喷出火来，鼻子里浓烟迸出，闸闸眼，火焰齐生”，只不过是“小把戏”一桩。清代已将这一“烟火”样式的制作发挥到了极致，简直活灵活现：

先是两串百子响鞭，随后一阵乱落如雨的金星，忽有大光明从“烟火盒子”放出，照得针芥毕现。这时，手牵耕牛的牛郎木偶，斜倚织机的织女木偶，才缓缓下垂。接着，“乃有无数转贯球雌雄的闪烁盘旋，护着一条青龙，翔舞而下，适当牛郎、织女之间。隆隆者蓦易羯鼓作爆豆声，铜钲喤然应之，那龙口中吐出数十月炮，如大珠小珠，错落满地，浑身鳞甲间冒出黄烟，氤氲酞郁，良久不散”。而且，那龙还可以颠首掀尾，翻百十个筋斗，“不知从何处放出花子，满身环绕，跋扈飞扬，俨然有搅海翻江之势”。待牛郎、织女木偶表演，更是惊人，只见：

清吴友如绘《海上百艳图·爆竹生花》

就于掌心飞起一个流星，缘著引线，冲入箱内，钟鱼铙钹之属，咇剥叮当，八音并作。登时飞落四十九只乌鹊，高高低低，上上下下，布成阵势，弯作桥形，张开两翅，兀自栩栩欲活。

待乐人吹起唢呐，牛郎舍牛而升，织女离机而上，恰好相遇鹊桥，于是两个人，四十九只乌鹊，以及牛郎所牵的牛，织女所织的机，一齐放起花子来。这花子更是不同，朵朵皆作兰花竹叶，望四面飞溅开去……

从宋代“火爆”脱胎而来的“水上烟火”，在明清也有了划时代的突破。在明代北京中元之夜，各寺庙均缚“烟火作凫、雁、龟、鱼”等，放入莲花中点燃，水火同时激射。大学问家李开先曾在白天看过这种“水上烟火”，他认为“制造繁华，不减夜间”，特为之赋诗道：

纸船藏火药，摇曳绿阴傍。
炽焰燔危岸，飞烟掩太阳。
炮惊鱼出没，花炫鸟回翔。
再赤周郎壁，欲从李相庄。

巧技传京国，载舟戏水傍。
纵焚鏖赤壁，飞炮破襄阳。
照浪鱼龙骇，飘烟燕雀翔。
升平多乐事，偏集太常庄。

从诗可见，“水上烟火”是很精彩的。它的制作也不同于那种陆地上燃放的“烟火”。除所需硝、磺、炭、班猫、白砒、潮脑、水马外，还要捻若干麻线，将薄棉纸裁成一寸宽许的直条，将麻线顺铺纸上，放入信药，照平常加粗两倍，捻成圆条，接续相连，不让其断。还要用矾水、面糊，周围抹过，晒干，使之成硬条，以免散开，外用熟油纸为衣，再用长短不拘、截断的毛竹，上下接连套合，凑长可达数十丈，以接就药线，入竹筒内，随套随穿，务必与统眼火药相连，随机点放，便可以过水入雨，不能被破坏了。

由于这种“水上烟火”具有很强的抗浸泡潮湿的性能，明代皇家就将它用于“籍田”祭祀中。因为这一大典要表演出雨水倾盆、云烟密布的效果来，于是由教坊优人装扮为雷、电、风、雨、云、龙、土、谷诸神，藏在棚内虚处，下面放置异香、诸烟药、巨鼓、火线，以准备临时施放，待主持官员报一声“雨生，于是虚处烟雾四塞，鼓声彭彭震，起火线勃发，先掣数丈，霹雳之声交加，上藏水匮，倒倾如沫，凡棚内逾里无不沾润”。好久，雨止了，烟也渐渐熄灭了。

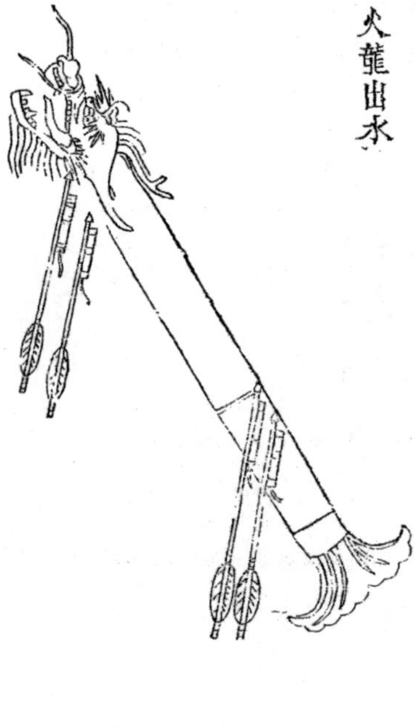

明代“水上烟火”式样

“水上烟火”原理也同样适用于水上燃烧性火器。名将戚继光就制成了这样的火上燃烧性火器：满天烟喷筒、火砖、火妖、飞天喷筒、大蜂窠等。这些火器火药成分与一般的“烟火”无甚差异，只是将药线装入一个细竹管内，直插于火器的腹内至底方透火器，毫无闪灭之事。从戚继光在东南海战取得多次胜利的记录来看，可以肯定地说，水上燃烧火器在打击倭寇时还是发挥了很大的作用的。像“神火飞鸦”、“火龙出水”、“水底龙王炮”等水上燃烧性火器，使我们看到了“水上烟火”另一面的作用。

从明清“烟火”整体状况来看，它的突出成就是“烟火戏”。它冲破了宋元那种只有个别人物形象的“烟火”的藩篱，向着制作更加复杂、敷演成组场景的“戏”的方向迈进。明代的“烟火戏”就开始有：刘关张三顾诸葛亮、张翼德葭萌战马超、八仙捧寿、七圣降妖、楼台殿阁、村坊社鼓、货郎担儿、鲍老车儿、五鬼闹判、十面埋伏等。

清代的“烟火戏”更是名目繁多：日月合璧、五星联珠、双凤朝阳、二龙戏珠、海市蜃楼、回回献宝、麒麟送子、狮子滚绣球、八仙过海、二仙传道、东方朔偷桃、张生戏莺莺、吕布戏貂蝉、敬德洗马、单雄信夺槊、华容道挡曹、张飞喝断当阳桥、张果老倒骑驴、吕纯阳醉扶柳树精、韩湘子化妻成仙、费长房入壶、月明和尚度柳翠、孙悟空跳出五行山、陈抟老祖大睡觉、老子骑牛过函关、哪吒闹海、周处斩蛟、杨香打虎、罗汉降龙、王羲之爱鹅、苏属国牧羊、庄子蝴蝶梦、八戒蜘蛛精、张仙打狗、和尚变驴……这么多名目，让人记也记不清，说也说不完。

这类“烟火戏”的制作基本是用竹为骨，也可以根据大小贵贱用铜丝、铁丝为骨，用刷过层层矾水的特殊桃花纸等为衣，麻线为筋。若做楼台拱柱，只需在药以外套以纸筒，便粗壮相似。做人物禽兽，横骨用竹圈，直骨用线，再装入用途各异的哄药、紧药等，制成各种不同的场景，再染以彩色，或大或小，或方或圆，折扁成“软器”，外再加纸筒，便可点燃发射到天空中展开施放了。这类“烟火戏”的图像较为固定、单一。

有变化的“烟火戏”则是运用几种“烟火器架”同时放射。清代有一豪富之家燃放的“烟火戏”，就已到了这种水平：

> 随有千百爆炸声齐响，已挂出无数的烟火：一边是九连灯，一边是万年欢；一边是炮打襄阳城，一边是火烧红莲寺；一边是阿房一炬，一边是赤壁烧兵。

这就需要根据药方的厚薄，器口的向背，火力的久暂，相间的远近，对列的高低，药线的迟速，加以排列组合。

为了烘托气氛，这种“烟火戏”中还杂夹着从四面八方而来的百兽，

明崇祯本《金瓶梅》第四十二回插图：逞豪华门前放烟火

只见它们：

尽是五色绸纱糊的，彩画得毛片逼真：一边驰出一队象灯，一边驰出一队虎灯；一边驰出一队犀牛，一边驰出一队狮子；还有黑熊、白兕、赤豹、黄罴，奇奇怪怪，约有数百。足下都有四个小轮，用人拉着飞跑，鼻里生烟，口中吐火，如雷轰电掣，地塌山崩，看得子玉等神惊肤栗。这边百兽，那边群龙，合将拢来，黑雾冲天，火光遍地，大有赤壁鏖兵之势。

还有如百道电光，穿绕满园的火鸟、火鼠。

这正是“烟火戏”中的“杂耍”，“或单放或入剧中，上窜下跃，旁飞侧舞，令人心赏目醉”。它们的制作可以用“壶卢”、“核桃”、“白果”、“松

《点石斋画报·燃炮明心》

榧”的“果壳”，也可用“小鹅”、“印斗”的“纸壳”；可用“瓶盎”、“土鼠”、“金蟾”之类的“泥壳”，也可用“木鸡”、“狗马”之类的“木壳”，甚至花盆、花篮，都可以“藏药为戏”。而清代这豪富之家所燃放的“烟火戏”，就充分体现出了这种“烟火杂耍”较为完整的面貌。

“烟火戏”的最高层次，则是将几种不同的“烟火戏”，装入同一“烟火筒”中发射至空，先后燃放。它们有的“初为八仙飘海，继为跑马扒城；最后见宝塔一座，凡七层，玲珑透辟，门户分明，旋又见长幡约丈余，四周有飘带”。有的先喷高三丈，坠地如金钱的“花爆”，后悬一徐徐而上，燃火线的盒子，由盒子“忽烟焰喷薄，盘矫而下，现五彩花篮。顷之，又现一楼船，玲珑荡漾。又久之，现葡桃一架，光青碧可爱”。



这样几种形态各异但又同时燃放的“烟火戏”，其制作是相当复杂的。它不是仅有单一图像的“烟火戏”的凑合，而是集用途不一的火药、控制燃烧速度的药线、优良的纸衣、多样的器具、间隔的“底托”等于一身。只有具备了这些条件，才能完美地组成各式“烟火戏”的会演。而所有“烟火戏”表演中，规模最巨、耗费最多、时间最久、场面最精的，非皇家莫属。因为它可以召集最好的烟火匠，动用大量材料、纸张，精心特制“烟火戏”。在这方面，清代皇家燃放的“烟火戏”可为代表作：

康熙二十四年（1685）元夕，在南海子呈现出了“若珠帘焰塔，葡萄蜂蝶，雷车电鞭，川奔轴袭，不一而足。又既则九石之灯，藏小灯万,一声迸散，万灯齐明，流苏葩璲，纷纶四重”的“烟火戏”盛景。“烟火箱子”中竟鼓吹并起，鞉鼗（táo，拨浪鼓）觱篥，次第作响，火械所及，节奏随之。霹雳数声，烟飞云散。最后一个“烟火箱子”，“有四小儿从火中相搏坠地，炮声连发，别有四儿花裲裆，杖鼓拍板，作秧歌小队，穿星戴焰，破箱而出。翕倏变幻，难以举似。然后徐辟广场，有所谓万国乐春台者，象四征九伐，万国咸宾之状。纷纷挥霍，极尽震炫而后已”。

康熙年间的揆叙所写的诗歌，也再现了几出“烟火戏”如何同时燃放的景象：

秘方传得细修治，百巧千奇国工擅。
或悬高架或深埋，或贮锦函藏不见。
歌停酒半月欲舞，忽吐微光细如线。
一声霹雳火城开，万象空中争涌现。
忽成华树忽楼台，忽作城垣忽宫殿。
忽如士女共游嬉，忽若鱼龙争曼衍。
忽然砰訇殷山谷，伏兵四起相攻战。
忽然一骑冒火入，乱掣长虹走飞电。
炮车下震地轴摇，星球上射天顶穿。

这种一出接一出的“烟火戏”，就是用所谓的“底托法”，又名“隔火法”制成。因为多出“烟火戏”容入筒中、箱中或盒中，每戏必须隔火间之，使一戏之后再现一戏。既有先后，又不至于一起燃烧，就要根据每戏的大小，或方或圆，中为井字，或外糊矾纸做成底板即“底托”。药线与过渡的药线须总打一药辫，绕缚在“底托”的线十字上盘数转，以便火到则十字缚口自焚，而底线自落，“烟火戏”就自然坠现了，无须人力挑拨。后一出“烟火戏”顶线在前一出“烟火戏”“底托”外的药辫上，再用过渡药线作引，便可以了。

但是，若想使“烟火戏”多姿多彩，光有“底托”还不够，还需要配制多种“杂药”。清代的烟火巧匠们对火药中掺入何种“杂药”已掌握得非常透彻，它对今天的“烟火戏”的配制，仍是有益的、可贵的借鉴：

用瓜皮棘刺烧灰而入火，愈著其功，蜀葵根风吹不灭，胡桃火久藏犹存。禽虫之属，鹰睛达云，猫膏入地，江猫骨逆风不回，猾兽髓

> 入水生火，螵蛸末载药力而浮水，叩虫屑取药少而跳空，海鳅、油鳝、尾血入水如飞，虎骨髓、山羊胆乘风能跃，蜻蜓横飞，斑蝥旁裂。水马窜水，水药用之；鲮甲透山，地药用之。萤取其光以生明，蚌取其口以闭窍。蜈蚣用其钳，蝎虎用其尾。蛛采其丝入药而烟光分布，蜂用其窠入药而花朵分明。

在“烟火戏”中，由一物变成另一物的现象是很频繁的，有“单变”、“双变”、“层叠变”等。如“鱼化龙”、“金钱变蝴蝶”，这是“单变”。“二仙传道”、“双龙戏海”，末后又各变一物，这是“双变”。“蟠桃寿星”初见是蟠桃，桃开变出大寿星，大寿星手中执桃，开的是小寿星，大寿星又不见了，这是“层叠变”。制作这种可以变化的“烟火戏”，需注意“合纸口得法，使其火到易裂，见后则前灭，并不留渣滓才行。这就需要注意先后次序，层叠开合，度线安药，尤要巧妙，否则画虎不成反类犬”。

而在“烟火戏”中的形象之所以能动起来，能升能窜，主要在于精心计算，适量安排。像“仙人招鹤”，则需先在隔垣置鹤，算准位置，药力一升，即可到仙人“烟火器”前，至期待仙臂转轮时，令人隔垣燃鹤，线药自发飞入垣内。如“地涌金莲”，需预先埋地筒，暗渡药线，然后发射。“萧史乘凰”，装药后需算器身的轻重，与药力相称，才能飞出招凰。大约药力重轻上升，可以一升十傍升，如药一两可升十两。

以上史料，使我们大致了解了清代“烟火戏”主要的构造、用药、发射程序等，可以说清代的“烟火戏”已达到了尽善尽美的程度。由于设计得巧妙，有的“烟火盒子”竟能包容16出之多的“烟火戏”，这在中国“烟火戏”历史上是空前绝后的。

## 三

纵观宋元明清“烟火”的历史，不难发现，“烟火”主要是出于娱乐目的而被广泛制造和燃放的。这正像利玛窦观察的那样：

> 中国人非常喜欢这类表演，并把它当作他们一种庆祝活动的主要节目。他们制作焰火的技术实在出色，几乎没有一样东西他们不能用焰火巧妙地加以模仿。他们尤其擅长再现战争场面以及制作转动的火球、火树、水果等，在焰火上面他们似乎花多少金钱也在所不惜。我在南京时曾目睹为了庆祝元月而举行的焰火大会，这是他们的盛大节日，在这一场合我估计他们消耗的火药足够维持一场相当规模的战争达数年之久。

就在利玛窦为我们描绘出中国人的“烟火像”时，世界的西方——欧洲正悄悄地但又是剧烈地发生着一连串的变革。在意大利、德国、法兰西，科学技术研究社团相继问世。在整个欧洲，天文学、数学、力学、物理学、气象学、地质学、生物科学、医学、建筑技术、蒸汽机、机械计算器，甚至因技术而引发的社会科学都迈开了矫健的步伐。一句话，在这个时期里，“前人在科学、技术和哲学等领域的成就都被恰当地吸收了，不仅如此，它们还被朝许多方向大大推进了”。尤其和“烟火”有关的化学领域，此时步入了科学阶段，它逐渐摆脱了炼金术的思想方式。实验工作、切合实验结果的解释，逐渐取代依据不充分资料进行的大胆猜测。由于莱伊、胡克、洛厄和梅奥等人的努力，煅烧、燃烧、呼吸和发酵等问题都达到了接近解决的水平，并且，布兰德和玻义耳各自独立地发现了磷。玻义耳还赋予了“元素”、“化合物”和“混合物”等术语以切实的含义。

可是，在中国，明清统治者的故步自封，没有把“烟火”推向更深一步的科学实验境地，仍然沉醉于“烟火”的怡情娱乐之中。如乾隆庆祝八十寿辰时，诸般技艺演出就大量运用了“烟火”机关，像满族《五福舞》，到施放“烟火”时，点动引火，瓶口上端立刻冒出云烟。经药铳发射

明《宪宗元宵行乐图》（局部）

的硫黄球，形似一轮红日随云烟升空。《金山》的《奏乐》一戏，则由“烟火”化作的祥云在半山间浮荡，又准确地布于王母和仙女的足下，以表示“紫气东来”……

民间则像秦淮河上燃放的“烟火”那样，“向为河上大观，水鸭、水鼠、满天星、遍地锦、金盏、银台、赛月明、风车、滴滴金，不一其名，不一其巧。曾凭红板桥栏，望东水关及月牙池前，灯影烛灭，爆声溅水，升平景象，图绘难忺”。尤其年节，人们展开放“烟火”的竞赛，明代有的县城要连放三日方休。

在这方面，又以清统治者为甚。他们不惜将一笔又一笔巨资化为满天云彩。嘉庆十八年（1813），“造福海烟火法船一分，七夕、孟岁等项炮仗，以及山高水长烟火盒子，花炮并后湖小烟火二分，统计二十万二千七百三十七件，按例需用银四千三十两二钱八分一厘八毫。并次年正月应用白日盒子一架、七尺千叶莲盒子一架、六尺盒子四架、花炮、起火等计二十万四千七十五件，照例需用银四千一百二十九两八钱六分七厘一毫”。正是由于耗资巨大，一向以奢侈为能事的嘉庆在每次燃放“烟火”时也不得不考虑节省使用。

富可敌国的两淮盐商们则瞅准这一机会，投其所好，向皇家供奉许多江南制造的“烟火”精品，它们包括：

七尺烟盒七架、喜庆灯帘七对、百果呈祥五架、四尺烟盒十架、三尺烟盒十架、尺六烟盒十架、七寸烟盒二十五架、金钱炮三十匣、小鞭炮二十匣、金丝菊二十匣、六合同春十匣、百福拱寿十匣、螽斯衍庆十匣、瓜瓞绵绵十匣、百果呈祥十匣、大吉葫芦十匣、流传万代十匣、刘海戏蟾十匣、金鳞集锦十匣、鸳鸯献瑞十匣、一统万年十匣、万福攸同十匣、群仙祝寿十匣、千秋万载十匣、仙果献瑞十匣、平安吉庆十匣、三报宫花二百五十个、金盆捞月二百五十个、头号起火五百枝、中号起火五百枝、大小花筒一千个、大小炮竹一万个。

从这些供奉的“烟火盒子”，可略见皇家燃放“烟火”靡费之一斑。皇家对“烟火”的热衷，使“烟火”业分外发达起来。明代王恭厂火药局一次爆炸，击坏西城三条街，伤百余人，从西直门楼上望去，周围三四里一带不剩一片瓦。这反映了明代“烟火”制造规模是很大的。

清代佛山一地烟花爆竹的作坊竟达二十余家，赫然与其他日常消费作业并列。甚至小县城的“烟火”也能放出北京等大都市所没有的品种来，“如缸花、盒子灯、起花牌、文武鞭、三耀明、二起焦灯、花炮、飞鼠、烟龙，不下十余种”，足见“烟火”制造普及之广。

“烟火”本来可以与军事火器的研制紧紧相连的。戚继光所统率的部队中，每一营都要部署一名“火药线匠”，这已经是将“烟火”运用于作战。可是“烟火”发展的路子却在很大程度上向娱乐方面倾斜。南明弘光年间，马士英曾向福王进贡了一架价值500金的“烟火”，点放之际，“烟药中机造飞龙”，围绕殿柱腾跃，福王见状大加褒奖，于是，诸阁臣又供进了一架。这种“飞龙烟火”，已属“火箭起火之制”。

然而，“烟火”并没有被深入开掘研制，致使中国的军事火器远远落后于西方。在这方面，有很沉痛的教训。比如明万历时浙江的戴某，好与西洋人争胜，曾造一鸟铳，形若琵琶，凡火药铅丸，皆贮于铳脊，以机轮开闭。其机有二，相衔如牝牡。扳一机，则火药铅丸自落铳中，第二机随之并动，不激火出而铳发，可射 28 弹。戴某本拟献于军营，可是他却夜梦神的呵斥：上帝好生，如使此器流布人间，子孙要遭报应！戴某因害怕而中止了这一念头。这一史料相当逼真地勾勒出了当时社会所笼罩的，宁可因循守旧于娱乐，也不愿意冒风险将“烟火”原理发挥、运用于新的发明创造上的文化氛围。



清代有识之士已经认识到了这一点，不断提出用“烟火”制作技术造攻战武器的建议，并付诸实践。光绪年间九江就有一“烟火”匠向省官献上一种能施放五里之遥的火箭，可是仅因为试验时达不到预定的标准，就

《点石斋画报·财神请客》

使这位官员得出了“其言失实”的印象。这说明积极进步的创意是很难冲破由长期稳定的以皇权为中心所形成的固定的意识的。官宦想的是如何在“烟火”的娱乐性上下功夫，以媚上而“进身博官”；而皇帝只会对向他们频频燃放的“烟火”所表示出来的殷厚敬意大喜不止，很少念及如何将“烟火”向军事火器转化。

民间放“烟火”较为普遍的作用是祭神。清代《点石斋画报》对此有着传神的描绘。由放“烟火”祭神造成祸害也是屡见不鲜的。光绪二十一年（1895）春，天津草厂庵举办“烟火”祭神，“烟火”悬南马道，其药线蜿蜒数十丈。“大士像”的泥手插有香枝，枝端燃着，会头以药线一端，恭献“大士像”前，就火点燃，就好像是神仙点燃“烟火”似的，瞬息之间出庵，急行锐进，即达南马道。观者争睹，可忘了立足之地也是“烟火架子”陈列之处，正好在水中央，道的左右，均为秋潦，道宽仅可行一人，像独木桥。因“大士像”亲放“烟火”为空前举动，小家碧玉、贫户妇女，纷纷赴水滨瞻仰，结果人一挤，纤足女流自然要遭到践踏的厄运，死状惨不忍睹。

与此同时，在西方，拉瓦锡使化学系统化了；用于气体的收集和爆炸、燃烧和煅烧的实验、水的合成等各种用途的重要装置先后发明出来了；确证了质量在化学变化中的守恒；化学的命名法作了改进，并逐步标准化。这个时期的一些第一流化学家，还引入了新的织物漂染的方法。这个世纪结束之前，西方在化学工业方面已开始大规模生产硫酸和碱。

尽管在这一历史时期的中国小镇上，“烟火”的燃放，已达到了神出鬼没的境地：

巨响爆裂，桶底脱矣。鬼趣分明，阎罗活矣。续第二响，俘拿破仑；滑铁卢战，万马千军。第三第四，层出不竭；五花八门，观者咋舌。泰西电影，梨靬吐火。今以手工，尊独惟我。

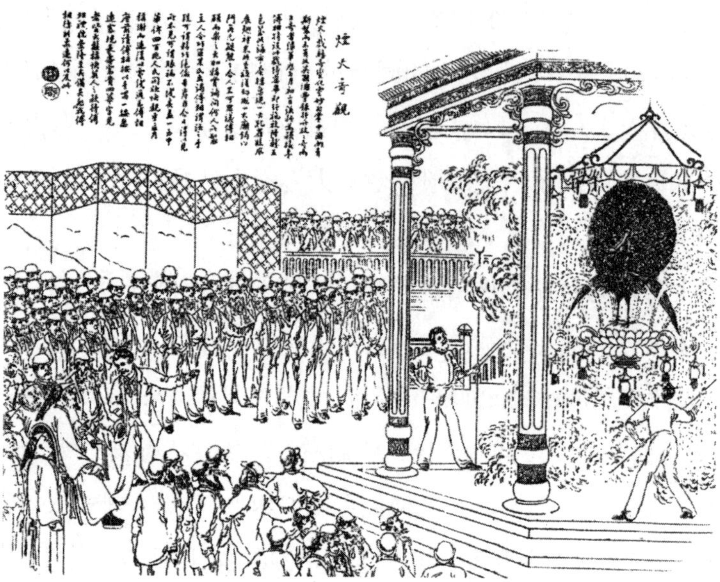


《点石斋画报·烟火奇观》，图中坐姿官员为李鸿章

从“烟火”技术角度上看，这种“烟火戏”的制作水平是非常高的，但也仅此而已。尽管它已吸收了西方的一些景象，可是骨子里却没有任何实质的变化，然而它却仍以“今以手工，尊独惟我”，扬扬自得地表白。这就较为典型地折射出了这一时期的中国，只看到海外一些表面现象但不深入吸收，以老大天朝自居的传统文化心态。

当西方接受了中国传入的火药后，马上制成火器，开辟出一个新的世界，或者说用它打通了外部世界，以至明代著名的自然科学史家方以智也将火药当成从外国传来之物。清代则更是一塌糊涂。英国人在上海汇丰银行招待李鸿章时，为他燃放了一种忽海市蜃楼，忽孔雀展翅，忽成大庙的变幻多端的“烟火”，竟引得李鸿章大加赞赏，说“见所未见，可谓眼福不浅”。由中国人发明的“烟火”，却在英国人手中放出了异彩，从而引得中国最高官僚的赞赏，这真是辛辣的讽刺。但它却是史实，反映清代的落后已到了无可救药的地步。

此刻的西方，一本又一本的科学理论著作，排着长队来到世间，争相用科学的语言构筑新的历史时期的基石，新型的化学工业大厦，已经在西方破土动工……可是，在中国，唯有赵学敏的《火戏略》，形单影只地步入技术科学的殿堂。这一时期的中国，仍然步履悠闲地在宋元铺就的传统“烟火”园圃中，日复一日，年复一年，不惮烦难反复制作着昔日的辉煌，并转化出一些新的花样来，若“砉若雌霓起，霍若闪电惊”。看去“千花万花生”的“铁花烟火”，就是“冶铁既流，以大铁瓢挹而洒之著树间。辄迸火成花，灼烁夺目，此烟火又一变也”。保守的氛围使人们不对“烟火”作任何非分变革的构想，尤其是明清统治者几乎听不到也不愿听到日益迫近的西方军团那拍岸惊涛般的攻占新科学技术前沿的马蹄声……

从“烟火”进而发展制造火箭、飞弹，甚至喷气式飞行器等先进火器的优秀人才是有的，从宋元以来就积累起来的这种“烟火”实践是很丰富的，也是远远领先于整个世界的，可是明清的中国却没有把握住这一良好的历史条件，也没有正视欧洲科学技术挑战的机缘。直到先进的西方用从中国传入的火药，轰穿紧紧封闭的古老城门时，中国这才如梦方醒，但为时晚矣。本来可以由制作“烟火”发展成为拥有世界上最早、最先进的火器的国家，却在清代彻底走向衰败的深渊，这是应该引起我们沉思的。

# 图画、小说中的车与船



北宋时代陆地运输、交通工具，统称为“般载”。界画大师张择端，以其毫发毕现的画笔，在《清明上河图》中再现了“般载”的逼真形状：

画卷端首，五头小毛驴，背上驮两搭木炭，行进在树木夹峙的郊野小路上。在汴河虹桥上下，也有五头小毛驴，它们背上驮的是圆滚滚的粮袋子。在第一个十字街道上，在大街小桥边的大树底下，各有三匹“方匾竹筹两搭背上”的毛驴。在“孙家正店”前的一棵树下，有人正从两匹毛驴背上卸货。这些驮着粮食或货物的毛驴唤作“驮子”。如洪迈《夷坚志·夏二娘》所记，东京南薰门每早都有骡驮麦子联翩而来。

在虹桥上，有一独轮车驰下。与之相呼应的是画卷另一端的护城河平桥上，也有一辆独轮车，同样是一人在前，一人在后，一头小毛驴在前奋力拉着。这种车正是《东京梦华录》中的“前后两人把驾”、“前有驴拽”的“串车”。这是小串车，往往作“卖糕及糜饎之类”用。

也有大串车，在悬挂着“新酒”幌子的“脚店”前停着一辆卸了货的大独轮车。在离汴河岸畔不远的一家小食店前，也停着一辆独轮车，一个店主模样的人站在支在车轮前的小梯上，看车上的货物。显然，这样的大串车，也可以“搬载竹木瓦石”的。

也有人用这种串车推运轻软货物，如在写有“刘家上色沉”字样的商店前，也有一辆这样的串车经过。在迎面一爿“锦帛”铺前，也有一人站

宋代平头车

在一辆较小一点的空串车后面。可以断定，这种串车是用于一般的小商店拖运货物的。

在第一个十字路口道上，走来一辆两头肥牛拉的带有棕盖的大车。《东京梦华录》对这种车作过详细描述："两轮前出长木作辕。……以独牛在辕内项负横木，人在一边，以手牵牛鼻绳驾之。"此车唤作"平头车"，又作"宅眷车"。

陆游《老学庵笔记》载："京师承平时，宗室戚里岁时入禁中，妇女上犊车。"刘斧《青琐高议》别集说：一丧妻书生有一日出东京宋门，见一轻车驾花牛行于道中，车上有一妇人叫他。这些表明这类牛车主要是供妇女乘坐的。

在第一个十字路口的房脊后显露出来的牛车的一个侧面亦表明了这一点。只见它：棕毛盖厚重，车上有描画精致类似娱乐场所的那种门、栏杆和垂帘。这与《东京梦华录·皇后出乘舆》可互相参照：

> 馀命妇王宫士庶，通乘坐车子。如担子样制，亦可容六人。前后有小勾栏，底下轴贯两挟朱轮，前出长辕，约七八尺，独牛驾之。亦可假赁。

这种车还有一种用途，请看：“王员外家”招牌前，有一辆两只骡子拉的“平头车”，车上有两个如《东京梦华录》所说的“梢桶”或“长水桶”，此为酒店载酒车。在护城河的平桥上，走过来的两辆“平头车”却与之相反，分别由三头壮牛驾驶，车上有席盖，前后有席门，细细辨认，第一辆车棚内端坐一人，装载何物不明。“平头车”用途之广于此可见。

在第二条十字街正面道上，一个挂着“刘家上色沉”字样招牌的商店前，两辆各驾四匹壮健骡马的大车驰来，驾车人坐在车中间，只见此车与《东京梦华录》所记分毫不差：“上有箱无盖”，“箱如构栏而平”，“车辆轮与箱齐”，“板壁前出两木，长二三尺许”，“后有两斜木脚拖”。

这种车如《邵氏闻见后录》所说：“重大椎朴”，“日不能行三十里，少蒙雨雪，则跬步不进，故俗谓之太平车”。周密《癸辛杂识》说这车载量颇大，一般可装四五千斤，所以“前列骡或马十数驾之”。《水浒传》第六十一回说卢俊义从河北去山东贩货，雇了十辆“太平车子”，想来一定是这种类型。图中这“太平车”却只有四匹骡马，大约是城内无险峻路坡之故。

“太平车”也可充作贵族人物出行之用，如宋话本《赵伯升茶肆遇仁宗》中，宋仁宗就梦见一金甲神人，“坐驾太平车一辆”，“直至内廷”。正因“太平车”有如此广泛的用途，郭若虚《图画见闻志》才有了这样的情形：仁宗朝画院有一专职画“太平车”的画家支选。

《清明上河图》展示了13匹驴“驮子”，6辆“串车”，5辆“平头车”，两辆“太平车”。再比照宋代朱锐的《溪山行旅图》《盘车图》《雪溪行旅图》、宋人的《盘车图》，还有《闸口盘车图》，可以看出《清明上河图》反映宋代“般载”最为集中而又典型。

自此以后，元代、明代就鲜有这样用界尺一丝不苟描绘“般载”的画幅了，清代王翠等画的《康熙南巡图》第九卷，其中虽也有这样画法而成的牛车，但只是局部，作为陪衬，并不像《清明上河图》这样突出。从这一点上看，说《清明上河图》是古代中国“般载”优秀的集大成的表现者，是毫不为过的。

《清明上河图》中还有宋代各种类型船只的翔实描绘，因有许多专家发表过研究它的文字，笔者不再赘述，但是想就此转换一下视角，从反映宋代社会生活的小说《水浒传》去找寻一下宋代船舰的踪影。

那是此书的第八十回。高俅在征剿梁山泊水军失败后，“使人去近处山上，砍伐木植大树，附近州县，拘刷造船匠人，就济州城外搭起船场，打造战船。一面出榜招募敢勇水手军士”。光船工住的草屋，就有三二百间，“匠人数千，解板的在一处，钉船的在一处，艌船的在一处”。这样的叙述，是符合宋代造船兴盛史实的。

被高俅选中的造船者叶春，是“以图取胜，将纸画成船样”。寥寥几字，读者一般不会在意，但这确是画龙点睛之笔。所谓“船样”，就是比较详细的船舶设计图纸，在图纸上注明船体和各部件的大小尺寸，规定用料、用工、造价等。应用“船样”造船是自宋开始的官方造船厂所必须遵循的造船设计法则。这是古代中国船舶设计中的一个重大突破，施耐庵将这一历史性发展写入《水浒传》是很有意义的。

叶春所设计的“大海鳅船”，“两边置二十四部水车，船中可容数百人。每车用十二个人踏动，外用竹笆遮护，可避箭矢。船面上竖立弩楼”。陆游《老学庵笔记》也曾说过钟相、杨幺水军所用“海鳅头船”，看来《水浒传》中的“海鳅船”是有根据的。

“海鳅船”造好后，是冬天下水的，这也是符合宋代船只下水史实的。下水的过程是：较大的船造成后，在泥地上挖两条穴道，洒水润滑，船底纵向绑扎两根方木，搁于穴道中滑行下水。冬天下水则如《金史·张中彦列传》所记：

> 召役夫数十人，沿地势顺下倾泻于河。取新秫秸密布于地，复以大木限其旁。凌晨，督众乘霜滑曳之，殊不劳力而致诸水。

《水浒传》中的“大海鳅船”就是采取这种方式滑入水中的。

确切地说，《水浒传》在反映宋代造船技术方面，已达到了它所处的时代的最高水平。然而，《水浒传》毕竟是以描写宋江等人“逼上梁山”为主的小说，造船及用船交战，不过是其中一个煞有趣味的场景。

全面将造船、船上人员组织等全过程一一展现的是明代罗懋登的《三宝太监西洋记通俗演义》。这虽是一部小说，但它采用了几乎类似“界画”的描写手法，是可以作明代的船舰历史来读的：

首先，建造郑和下西洋所用船只的“宝船厂”，是在下新河三叉口，即今南京下关三叉河，这与史书所记是相吻合的。《西洋记》第十五回写到献给皇帝审查的“经折儿”，“海里画的是船，船又分得有个班数，每班又分得有个号数”，实际这就是“船样”。

明茅元仪《武备志》中大福船图

“船样”标明造船的工料定额、主要的构件，如沈啓《南船记》性质一样。当然，《西洋记》不可能像造船技术书那样专门化，但它也透露出了明代造船技术一个相当精确的侧面。像“宝船”的铁锚，分上中下不同类型，每一类型又要细分“三号”，最大的“头一号的锚要七丈三尺长的厅，要三丈二尺长齿，要八尺五寸高的环”。系锚的棕缆，“每根要吊桶样的粗笨”。

为锻造这样的铁锚，锚厂搭起了49座周长约有9丈9尺、高约有2丈4尺的炉子，“各铺行运铁，各匠人运炭，实于各炉之中，以满为度，也不论他千百担斗”，“只见那炉上的小门儿风儿又宣，火儿又紧，火趁着风威，风随着火力，无分昼夜，都是这等通明”，“却就是火焰山也不过如此”。这情景不由人想起宋应星《天工开物》中对“锚”的评说：“盖炉锤之中，此物之最巨者。”

《西洋记》不单在描述造船技术方面准确、细致，在其他方面也大致不差。像各船编定字号，《筹海图编》可证确实是这样。《西洋记》所说的

明《天工开物》中“锤锚图”

“宝船”长44丈，阔18丈，无论验之正史《明史》，还是验之笔记《客座赘语》，都是这样记录的。

此外，《西洋记》还写了“马船”、“粮船”、“坐船”、“战船”。这些船，在典籍中也都有明确记载，而《西洋记》较之则更为翔实，罗懋登写道：

> 每一号船中间，有明三暗五的厅堂，有明五暗七的殿宇。每一号船上面，有三层天盘。每一层天盘里面，摆着二十四名官军，日上看风看云，夜来观星观斗。



尤其是郑和所乘的第一号宝船，“是个帅府，头门、仪门、丹墀、滴水、官厅、穿堂、后堂、库司、侧屋，别有书房、公廨等类，都是雕梁画栋，象鼻挑檐，挑檐上都安了铜丝罗网，不许禽鸟秽污”，真是规模宏大，设计精巧。

三桅大船

郑和远涉西洋，除却外交、贸易，还含有抵御侵袭、耀兵异域的成分，所以专有军事护航的“战船”。“战船”的编制和装备，在以“从军”名义随郑和下西洋的巩珍所写的《西洋番国志》中也没有提到，其他史料也言及寥寥，因此，笔者将《西洋记》中有关“战船”的情况加以综合统计：

“战船”有五桅，长 18 丈，宽 6 丈 8 尺。载捕盗、舵工、瞭手、扳招、上斗、碇手、甲长、士兵，共 580 名。

每艘“战船”备有当时世界上最为先进的管形武器：大发贡炮 10 门，大佛朗机炮 40 座，碗口铳 50 个，鸟嘴铳枪 100 把，喷筒 600 个。

燃烧爆炸物有：火箭 5000 支，烟罐 1000 个，灰罐 1000 个，火砖 5000 块，火炮 300 个。

弹药有：火绳 6000 根，粗火药 4000 斤，鸟铳火药 1000 斤，大小铅弹

明刊本《新镌量江记》中水军演习图

3000斤。

远射防袭的器械有：弩箭5000支，药弩100张，铁箭3000支，铁蒺藜5000个。

靠船近战器械有：钩镰100把，砍刀100张，过船钉枪200根，标枪1000支，藤牌200面。

还有弩药10瓶，大铜锣40面，小锣100面，大更鼓10面，小鼓40面。这是为作战时助威并起通讯联络作用的。

在《西洋记》中，郑和就是凭着这样优良的军事实力，所向无敌，踏平西洋万顷浪。虽然其中不乏夸张成分，但强大坚固的船舰却不是虚构的，从这一点来说，《三宝太监西洋记通俗演义》基本上是当时船舰的一系列全景的真实而又生动的演绎。

# 宦海风云

『宦海波生，石尤风起。』袁世凯致瞿鸿禨信中一语，道尽了古代官场的诡秘难测、阴暗残酷……

# 官场口诀

在中国古典小说中，经常有这样的画面：僧人坐化，总要将自己的一生总结成几句简短的话，传之于后人。这种便于记诵的语句可谓之“口诀”。若依此“口诀”去观察这位师父，其一生果然如此。寥寥数语，昭示着人的一生轨迹，中国人的这种根据事物内容要点归纳的能力可谓强矣。

质言之，口诀乃是以通俗而精练的语言反映丰富而深刻的道理，口诀是总结，是经验，是喻事，是明理。好的口诀，是人们为了实现某一目的，提炼出事物最精粹的部分作为行动的指南，是让人受用不尽的。因此，在古代社会，口诀是很盛行的。像鲁迅先生评论宋代“要得官，杀人放火受招安”口诀时就指出：这是撷取了朝廷的精华。所以可以这样说，口诀常常指示出当时社会习俗的倾向和脉络，使我们窥见那个时代的一个侧面。官场口诀就是这样一个突出的例证。

中国古代的政治生活制度，是以官为轴心的政治生活制度，若是掌握了官僚，便是掌握了政治生活制度的大半，而要谋得一官半职，则要洞悉官场的规矩。这些归结为一点就是，要了解其中的诀窍。若娴熟诀窍，便可无往不胜，飞黄腾达。所以，自古代官僚制度建立以来，官场上的各种口诀便层出不穷，《尚书·武成》篇就对官员的任命提出了标准：建官唯贤，位事唯能。

汉代应劭《风俗通义》曾指出不负责任的官员的危害：县官漫漫，冤死者半。

有的根据官场“行情”，总结出当官的价码，如《三国志·夏侯玄传》中的“欲求牙门，当得千匹；百人督，五百匹”，宋代朱弁《曲洧旧闻》中的“三千索，直秘阁；五百贯，擢通判”。

有的则直接勾画出官场上的“相酬图”，如李肇《唐国史补》中的“勾心斗角，互不相能，遗补相惜，御史相赠，郎官相轻”。

又如明代阮葵生《茶余客话》对“六部”的总结：

吏曰贵，户曰富，礼曰贫，兵曰武，刑曰威，工曰贱。

这种概括，简明而又准确。因为吏部管选官、记功、官吏的升迁，自然是

明《帝鉴图说》中鬻爵图

“贵”。户部管土地赋役，计度财用，“富”是当之无愧。礼部管学校荐举，祭典接待，堪称“贫”。兵部管军政武选，仪仗兵器，“武”是最为恰当。刑部管遣徙流放，法治监狱，“威”是无可替代。工部管工程建造，垦荒导水，为体力劳作，这在古代中国只能是“贱”。

这些官场口诀，从不同的角度反射出了官场上的情态。然而，这毕竟只是客观的描述，最精彩，也最使人感兴趣的是那些如何选择官员、官员如何工作、如何成为合乎时代“标准”的官员的官场口诀——

例如宋代洪迈《容斋随笔》中说唐代铨选择人的方法有四个方面：一是“身”，即体貌丰伟；二是“言”，即言辞辩正；三是“书”，即楷法遒美；四是“判”，即文理优长。史实表明，唐代许多年轻的学子，正是遵循着这样的标准，得到升迁的。如唐代非常流行的“进士行卷”，就是此类的典型。



正是因为口诀有简明扼要的指示作用，在唐以后的朝代，官府都竭力将对官员的要求简化成为朗朗上口的口诀，以便易记易行。像唐五代蜀王孟昶就颁布过令箴于诸邑，共 24 句；宋太宗删繁取简，摘其“尔俸尔禄，民膏民脂。下民易虐，上天难欺”。此口诀一直流传到元代。

元代统治者积以前朝代之经验，对官员的修养提出了很严格的要求。大德五年，徐元瑞撰成的《习吏幼学指南》，就是这种意图的体现。在这部书中，对官员应该具备的基本知识和官员所要达到的要求，几乎全都归结成为简明扼要的口诀，像吏称、政事、五事、户计、礼仪、详恕、救灾、三宥、三赦、五戒、三典、三罪、五纠、五禁、八议、五科、八例、十恶、七杀、法例、条贯、狱讼、勾稽、诸纳、体量、禁制、诸箴、三尚、仁恕等。

其中，对官员行止的要求是：

孝事父母　　廉洁　　勤谨
友于兄弟　　笃实　　慎默

不犯脏滥　　谦让　　循良

对官员才能的要求是：

行遣熟娴　　算法精明
晓解儒书　　通习条法
语言辩利　　字画端正

但制定良好的官场口诀是一回事，执行这种口诀又是另一回事。元代末年，官贪吏污，已到了弊端丛生的地步，官场上流行的就是另一种口诀，如叶子奇《草木子》所记的官吏向人讨钱的各名目：

所属始参见，曰“拜见钱”；无事白要，曰“撒花钱”；逢节，曰“追节钱”；生辰，曰“生日钱”；管事而索，曰“常例钱”；送迎，曰“人情钱”；勾追，曰“赍发钱”；论诉，曰“公事钱”。

由于制度的腐败，官员的腐败是难以避免的。明代洪文科《语窥今古》对明代官僚机构中一些无所事事的官员总结了这样一段口诀：

一曰“习仪”、“拜牌”，二曰“接诏”、“送表”，三曰“救护”，四曰“春秋祭坛”，五曰“朔望朝王”，六曰“拜千秋”，七曰“两公作揖”，八曰“计期支俸”，九曰“手谈消日”，十曰“染须”。

到了清代，各省各州县衙门的情况大致相同，尤其是“参情状”，广西桂林曾有将此分段编为戏剧的，其中归纳为口诀的，被道光年间曾任巡抚、总督的梁章钜，写入自己归隐后的笔记中：

一曰“乌合”，二曰“蝇聚”，三曰“鹊噪”，四曰“鹄立”（站司道班），五曰“鹤警”，六曰“凫趋”，七曰“鱼贯”，八曰“鹭伏”，九曰“蛙坐”，十曰“猿献”（谢茶），十一曰“鸭听”，十二曰“狐疑”，十三曰“蟹行”，十四曰“鸦飞”，十五曰“虎威”（各喊舆夫），十六曰“狼餐”，十七曰“牛眠”，十八曰“蚁梦”。

梁氏用一群动物作喻的口诀，画出了清代官场腐败群像，这犹如郑逸梅《艺林散叶》所记李鸿章谈的那句话：

天下最容易的事，便是做官，倘使这人连官都不会做，那就太不中用了。

明《帝鉴图说》插图

李鸿章是清末官僚总管，他的话当然是切中要害的。然而，说清代官场口诀完全无一可取处，有欠公允。

清代统治者为了长治久安，对官员的要求还是比较严格的，尤其是在清初期和中期，清统治者励精图治，很有一番作为。在这个历史阶段出现了《吏部成语》之类的官场工具书，此书共420条，就官员的升选调补、考核奖叙、参劾处罚、省亲守制、公文名称、处分事例等官场的方方面面，都作了十分详尽的规定和阐释。还有乾隆年间汪龙庄的《学治臆说》《学治说赘》《佐治药言》《续佐治药言》，万枫江的《幕学举要》，等等。

这些著作，绝大多数用简明扼要的语言或成语，使人一目了然，易记于心。如果官员们熟悉这些口诀式的行止规则，成为一名被统治者赏识的良吏，是不成问题的。如《幕学举要》中说到官员“灾赈”须实行的方法：

> 一曰“散利”，二曰“薄征”，三曰“缓刑”，四曰“驰力”，五曰“舍禁”，六曰“去几”，七曰“眚礼”，八曰“杀哀”，九曰“蕃乐”，十曰“多昏”，十一曰“索鬼神”，十二曰“除盗贼”。

还有“三便”：“极贫民便赈米，次贫民便赈钱，稍贫民便赈贷。”“六急”：“垂死贫民急馈粥，疾病贫民急医药，病起贫民急汤水，已死贫民急埋葬，遗弃小儿急收养，轻重系囚急宽恤。”

如果能将这些归纳出来的“灾赈”口诀随时酌行，“灾赈”会收到显著成效的。又如李日景的《居官三十六善》提出的：

> 无偏执，耐烦，不暴怒。事上谨饬，不竭民力为逢迎。不为不近人情事。不以游玩荒职业。不妄兴工役，劳民伤财。念丝粒皆百姓脂膏，不忍奢侈暴殄。有暇即读书。善处同寅，不生猜疑。关防家人，不得通

明刊本《琵琶记》插图：开仓赈济

> 关作弊。人有过，惩治后，即当释然。勿听信邪术，损民间资斧。培植学校。宴会不流连沉湎，不亵狎优俳。词讼随到即审，勿令穷民担延多费。虚心访利弊。审理公平，不得任性作聪明。用刑详慎，不致皂隶受赂，有所重轻。不受富豪贿嘱，刻薄贫民。不因人走热。不交无益之人，坏乃公事。闻人称颂，惭愧无矜喜色。……

为了使官员有所遵循，嘉庆帝竟动手撰写了官箴26章，对六部、宗人府、理藩院、都察院、布政司、通政司等26处官员，作出了严格的要求。官箴是韵文写成，言简意赅，条理分明，虽皇权色彩较重，但仍不失为官场上应熟悉的口诀。如《吏部箴》：

职司邦治，夙夜心殚。

首冠六部，统理百官。

铨衡黜陟，其慎其难。

藻镜朗烛，表正形端。

科条恪守，典籍勤观。

考课贤否，真伪详看。

选举平允，计要不刊。

佐朕用舍，社稷为安。

笔者认为，以上的口诀，或可称为清代官场上的实学口诀、善学口诀，是有益的，值得牢牢记取的。与之形成鲜明对照的是清代官场上形成的另一类所谓的“十样口诀”，这种口诀也是不能缺少的。如笔记小说《途说》中的《把势十全诀》，要求官场中人要：

一笔好字，两首歪诗，三等围棋，四季衣服，五斤酒量，六张叶子，七笔呆画，八套清曲，九归算法，便是十全秘诀。

梁章钜在《归田琐记》中又将其加以变化：

一笔好字，二等才情，三斤酒量，四季衣服，五子围棋，六出昆曲，七字歪诗，八张马吊，九品头衔，十分和气。

梁章钜还进一步总结道：

一笔好字不错，二等才情不露，三斤酒量不吐，四季衣服不当，五子围棋不悔，六出昆曲不推，七字歪诗不迟，八张马吊不查，九品头衔不选，十分和气不俗。

如果除去酒量，单从其他九项标准去看，清代官员还要具备一定的“艺术修养”。

这样的口诀是围绕清代官场特定的需要而制定的，所以，许多人结合时尚，不断加以揣摩，作出新的增添，以求更加完善，以适应官场的风云变幻。秀芝轩主人《酒阑灯炧谈》将此“十样要诀”进一步总结道：

一团和气要不变，二等才情要不露，三斛酒量要不醉，四季衣服要不当，五声音律要不错，六品官衔要不做，七言诗句要不荒，八面张罗要不断，九流通透要不短，十分应酬要不俗。



秀芝轩主人认为这一有所变异的口诀与以前“大同”，诗曲可以删去，衣服也不必求全责备，“小异”之处在加以“八面张罗”、“九流通透”、“十分应酬”，则神妙不测，用此不仅可以当京官，就是做了州县，成为能员大吏，也是断断不能将其束之高阁的。

这也是撷取了当时清代官场上的“精华”而作出的经验总结，是行之有效，非常宝贵的，因此，有必要将其广泛传播。清代戏剧中就出现了这种口诀，如《桂枝香》第三出《浪酒》，有一扮丑角的人物上场，又将此口诀加以变化：

一表人物不粗陋，二分才情休浅露，三斤酒量莫呕吐，四季衣服怕破旧，五声音律要谙度，六品顶戴谁查究，七言诗句闻屁臭，八股文章难句读，九流杂技尽通透，十成张罗戒疏漏。

尽管其中夹杂着嘲讽，但这是对官员的十个方面“才能”加以了精饰，对官员的“标准”的分寸掌握得还是很适度的。

此类口诀还常向辛辣讽刺官僚的昏庸的方向转化。独逸窝退士《笑笑录》就载有讽刺县官的“十样口诀”：

> 红，圆融，路路通，认识古董，不怕大亏空，围棋马吊中中，梨园子弟殷勤奉，衣服齐整言语从容，主恩宪眷满口称颂，坐上客常满，樽中酒不空。

还有所谓的“十得口诀”：

> 一命之荣，称得；两片竹板，拖得；三十俸银，领得；四乡地保，传得；五下嘴巴，打得；六角文书，发得；七品堂官，靠得；八字衙门，开得；九品补服，借得；十分高兴，不得。

这与前面的那些口诀是有所不同的，一派苟且、势利、奸诈的气味。不过如果领悟了这些口诀的精髓，也能在清代后期没落的官场上纵横自如，至少能混上一阵子。

# 抄家侧影

看《红楼梦》第一〇五回《锦衣军查抄宁国府》，真是应了李渔《巧团圆·掠妪》中的那句："奉令严搜，抄家若篦头。"其抄出之物有：赤金首饰一百二十三件，珍珠十三挂，淡金盘两件，金碗两对，金抢碗两个，金匙四十把，银大碗八十个，银盘二十个，三镶金象牙箸二把，镀金执壶四把，镀金折盂三对，茶托二件，银碟七十六件，银酒杯三十六个。

皮货、绸缎、衣饰则稍多：黑狐皮、貂皮、猢狸皮等，洋呢、毕叽等，纱绫、羽绒绉、氆氇、妆蟒缎等，棉夹单纱绢衣等。多者不过三百余件，少则二副。而玉玩、钟表、铜锡等物，最多者不过五百余件，脂玉圈带不过一条。金银则为成色不好或重新回炉熔炼过的潮银五千二百两、赤金五十两、钱七千吊而已。

从抄家不难看出宁国府的破落，如果将查抄宁国府与明代查抄宦官比较，其豪富衰败则更加明显。如明太监冯保的三万两金，十万两银，名琴七张，夜明珠九颗，珍珠帘五副，则纯属提不起来的小角色。大者则如太监钱宁，金论扛，金首饰论箱，玉带达两千五百束，胡椒为三千五百担，缎匹三千五百八十扛……

又如对正德年太监刘瑾的抄家，一次仅抄出银就达二亿五千九百余万两，零银一百五十八万三千六百两尚不计在内。据彭信威《中国货币史》统计，明亡时，全国银货估计也不过二亿五千万两，且包括银首饰及银器皿。

一个太监就可攫取比国库还富有的白银，这的确是匪夷所思的，但又是符合明代政治实际的。因为明代的政治，已到了腐烂不堪的地步，宦官搜刮财物只不过是黑暗冰山的一角，如刘瑾者、步刘瑾后尘者比比皆是。而记严嵩、严世蕃父子被抄家产的《天水冰山录》，最能反映明代的这类贵宦的抄家，并由抄家折射出一个王朝腐败的影子来。

现撮《天水冰山录》严氏父子被抄家产主要而说之：净金共重一万三千一百七十一两六钱五分；纯金器皿共三千一百八十件，重一万一千零三十三两三钱一分；金镶珠宝器皿共三百六十七件，重一千八百零二两七钱二分，坏金器共二百五十三件，重四百零三两九钱二分；金镶珠玉首饰共二十三副，计二百八十四件，共重四百四十八两五钱一分；金镶珠宝首饰，共一百五十九副，计一千八百零三件，共重二千七百九十二两二钱六

明刊本《一捧雪》插图：搜邸

分。净银二百零一万三千四百七十八两九钱；银器皿共一千六百四十九件，共重一万三千三百五十七两三钱五分；银嵌珠宝首饰计六百二十八件，共重二百五十三两八钱。

就金、银的数量看，严氏父子确实比刘瑾之流少得多，但就其质量并不能说严氏父子家产比刘瑾之流差多少。明人曾就严氏父子与钱宁、江彬被抄的黄金白银、古玉瑰宝相比较，结论是严氏父子“不如”钱宁、江彬，但是就“其书画之类”，严氏父子“出其一可以当百”，钱宁、江彬等“不敢望也”。

事实的确如此，严氏父子拥有的书画件件上乘，以各类典籍言，经史子集，样样俱全，版本不仅有官刻本，还有罕见手抄本，各朝史书除极少元版本，其余全是宋版，如从《史记》至《宋书》，皆为宋版，累代实录并经史子集等书合计共八十八部，二千六百一十三本。

古今名画手卷册页，共计三千二百零一轴卷册，其中包括两晋至明代大部名画，像晋顾恺之《卫索像》、晋人画《女史箴图》，唐吴道子《南岳图》、阎立本《职贡图》、李思训《仙山楼阁》、宋徽宗《秋鹰》、李公麟《孝经图》、李迪《百犬图》、黄筌《金盆浴鸽图》、李成《盘车图》、李嵩《斗茶图》、元赵子昂《观音》并《美人图》《宋太祖蹴鞠图》、王振鹏《龙舟竞渡图》……

其余还有古今名琴五十四张：金徽水晶轸足琴、咸通之宝琴、玉壶冰琴、春雪琴等，仅金徽玉轸断纹琴就九张之多。古砚十六方，有汉未央宫瓦砚，稀世珍品铜雀台瓦砚等。古铜鎏金器一千一百二十七件（共重六千九百九十四斤零二两），墨刻法帖三百五十八轴册……

以上这些，使明人认为严氏父子占有的艺术品是“贪残中，又带雅趣”，由此而联结的是姚士麟《见只编》所记：严嵩江西分宜老家被抄时，严嵩还手持数帙小书而出，并向监视他的人解释说：“欲借以送老耳。”此事表明了严嵩喜好读书的习性。

明人就曾这样评论过严嵩：“读书钤山，颇负清誉”，“读分宜诗，冲和萧远，无殿阁习气”。王士禛则认为：“分宜早年诗有王维之风。”与严氏父子为死对头的王世贞评价严嵩也较高：“孔雀虽有毒，不能掩文章。”顾起纶甚至欲将严嵩的《灵谷》《登岳》选入《国雅品》。这些都说明了严嵩的诗文有可取之处，至少在文人群中还可获得好感，这也许是清初修《明史》时对严嵩翻案的一个理由？是否就反映出了严嵩是位清雅之士？

众所周知，在被抄的严氏父子画卷中，有久负盛名的《清明上河图》，据田艺蘅《留青日札》记严氏父子是以千二百金从苏州陆氏处购得，“馋得其赝本，卒破数十家”。这一记录验之其他典籍颇为可信，梁章钜《浪迹丛谈》曾记：严世蕃强索《清明上河图》于王忬，忬以赝本献。徐树丕《识小录》曾记：吴中一御史以《清明上河图》临本馈严世蕃而未贿善鉴古的汤裱褙，汤直言其伪，严世蕃大怒，竟使献画者身陷大辟。如此等等，严氏父

明仇英《摹清明上河图》（局部）

子为掠珍贵古董的阴毒恶劣嘴脸昭然若揭。

沈德符《万历野获编》谈及了这一现象：严氏父子势炽时，以诸珍宝盈溢，遂及书画古董琐事。这真是一语中的，严氏父子爱好古董乃是因珍宝太多，古董稀少而且要比金银还值钱。所以他们才不择手段，据为己有而后快。较之他人，严氏父子又有一优势，那就是他们权倾朝野，他人对古董大多只能是“货取”，而严氏父子却往往以“势劫”，实际上这比“货取”不知坏有多少倍。

也正是由于严氏父子这一特殊的对古尊彝奇器书画的嗜好，各地大吏，争辇致之，或索之富人必得而不遗余力，以文房清玩，致起牢狱……如同《醉醒石》第八回所述成化年间太监王臣到江南搜刮古玩一样，既祸国又殃民！以致我们看到《天水冰山录》所记录下来的古董珍玩书画时，心灵已被淹没在一浪高过一浪近似疯狂的占有欲望的洪流之中，已得不到任何赏心惬意的美感了。

这就如同看严氏父子收罗的围棋，仅碧玉、白玉围棋就达数百副，金、银象棋亦有数百副。其实下这种棋，“最为滞重不堪”，看来严氏父子喜欢

严氏父子所藏唐《牧马图》，现藏台北故宫博物院

金、银、玉的心理要胜过喜欢下围棋、象棋本身。这就如同查抄出严氏父子收藏古董中的亵器，虽为白金美人，但功能却是以“其阴承溺”一样，其贪得无厌、无耻之极已达到了令人作呕的程度。

又如在查抄的严氏家产中，竟有“各样破烂小旧衣七百六十八件，每件估银五分”。一应变价帐幔被褥“杂碎”中，竟包括“八十五双裹脚布”。一应“发儒学书籍寺观经典，经史子籍等书”，计五千八百五十二部套，“道佛各经诀”，计九百一十四部套。原本此类书籍应发各儒学、各寺观贮收、供诵，可是却被严氏父子收取。

另还有许多琐旧不堪物件，可是严氏父子亦据为已有。如戒尺三十条，刀斧废铁九百六十九件，黄白蜡十九斤，零碎缎绢一千零三十五片，棕套五百九十一双，鱼胶二斤，藤一捆，石朱砂八十两，长短枪杆、大小标纛、各色旗帜、多样皮袋等兵器竟有三百四十一件，而漆、斑竹、乌木各类筷子，就抄出二万三千三百三十七双……

正像明人概括严氏父子被抄家物品所说：“凡人世所应用之物，无论用与不用，靡所不备。”而严世蕃自诩“朝廷无如我富”、“朝廷无如我乐”，并非口出狂言，而是有充足的物质为支撑的，《天水冰山录》就给予了这样的证明。又如《明史纪事本末》所说严氏父子的“家赀亦称亿万”、“总天下之货宝，尽入其家”。《留青日札》所说严氏江西、北京二处家产所抄，不及十四五，“盖行赂于权要者十二三，寄顿于亲戚者十三四”。以此观《天水冰山录》又是一大大缩水了的抄家记录。不过，太阳一出冰山颓，《天水冰山录》可为后人警戒，足矣。于此而引起的严氏父子何以能聚敛富可敌国的财物，则确是《天水冰山录》给人们留下的极其宝贵的思索。

尽管《天水冰山录》掩不住严氏父子巧取豪夺古董字画的罪恶，但专从收藏鉴赏角度着眼，人们从《天水冰山录》分明看到了一部丝绸艺术史、珍宝首饰史、文房四宝史、腰带史、绵缎史、蟒绫史、补绒史、房卧史、屏风史、女袍史、缎衣史、绢衣史、川扇史、玉琴史、铜花瓶史、大香炉史……可以说《天水冰山录》记录的任何一种被抄物品，都可以梳理出一个极其专门的研究题目来。单以《天水冰山录》所记与刘瑾、钱宁之流，或与清代和珅被抄家产相比较，就可以成为一个极有意义亟待开掘的学术问题，更何况我们可从记录查抄严氏家产的《天水冰山录》中找寻到明王朝深度腐败的证据。

# 千刀万剐话酷刑

“凌迟”酷刑，亦作“陵迟”，是指山陵斜坡逐渐低下，含有慢慢之意，又俗称为“剐”。因其规例在千刀之上，“凌迟”还可通称为“千刀万剐”。

唐律尚无“凌迟”，五代才特置。马端临《文献通考》说宋代中后期始用“凌迟”，但不常用。《宣和遗事》记章惇在越州时，专事惨刑，有“刀掊”、“钉手足”、“剥皮”、“斩颈”、“拔舌”，但不见“凌迟”。元代“凌迟”载于法典刑律，具体行刑较少。

只是到了明代，“凌迟”用语频繁起来，较为典型的是明代《瑞严公年谱》《渔樵话郑鄤本末》，其中对“凌迟”的详述，使人见其具体步骤——

“凌迟”时搭起一座棚子，棚前竖起一根上有分叉的粗木杆，刽子手手持磨得锋快的铁钩、利刃，三声炮响后便开始，规例是3357刀，每十刀一歇，一吆喝，剐得肌肉如大指甲片，一条一缕，密麻丛集，犹如刺猬。

初动刀时，血流寸许，再动刀则无血了。主要是因受刑者受惊，血俱入小腹、小腿肚，剐毕开膛，血都从这里流出去了。“凌迟”后将受刑者五脏、躯体、头都吊在杆上示众，监刑官舞红旗，策快马，飞驰宫中，向皇帝报告刀数。

对犯人采取这样厉害的“凌迟”，是因明初朱元璋就执刑甚严，当时官员们竟用鸩血染衣带，一有捕拿，即吮带死，以免受酷刑折磨。据《明史》《明实录》，当时刑法无所不用其极：

朱有熺以掠食人肝脑为能事，朱宪炜逼奸妇女或生置棺中烧死，或手刃剐其臂肉，剜目煇耳。还有的活埋露首，使其慢死，或让受刑人吃自己儿子被割下的鼻、舌。朱国桢《涌幢小品》说两广都督韩观杀人成性，竟用人皮当坐褥，吃人眼。夏允彝《幸存录》说一徐姓术士，因骂魏忠贤被捕，手足被钉在门板上，遍体浇上沥青，用椎敲，一会儿举体皆脱，其皮壳俨若一人……

祝允明《野记》中的有关记载更让人惨不忍睹：

> 高皇恶顽民窜逃缁流，聚犯者数十人，掘泥埋其头，十五并列，特露其顶，用大斧削去，一削去数颗头，谓之“铲头会”。国初重辟，

明《新刻出像音注观世音香山记》插图

凌迟处死外，有“刷洗”，裸置铁床，沃以沸汤，以铁刷刷去皮肉。有“枭令”，以钩钩背悬之。有“称竿”，缚置竿彼末，悬石称之。有“抽肠”，亦挂架上，以钩入谷道，钩肠出，却放彼端石，尸起肠出。

即使一般的刑法，执行起来也十分残酷。如《诏狱惨言》，记叙明代镇抚最为普通的五种刑具：

一种是“械”。坚木制成，长一尺五寸，阔四寸多，中凿两孔，着臂上，就是受刑时也不脱，杀人最便利。

一种是“镣”。铁制，又称“锒铛”。长五六尺，盘左脚上，因右脚受刑不方便。

明《斥奸书》插图

一种是“棍”。杨、榆木制成，长五尺，曲如匕，执手处，大似人小指，着肉处径可八九分。每用棍，用绳束其腰，二人踏绳的两端，使受刑人不得转侧。又用绳系两脚，一人负之背，使不得伸缩。

一种是“拶”。杨木制成，长尺余，径四五分。每用拶，两人扶受刑者起，跪在索上，力束木的两端，随即用棍左右敲，使受刑者更加痛苦。

一种是“夹棍”。杨木制成，长三尺余，去地五寸多，贯以铁条，每根中各绑拶三副。凡夹人，则直竖其棍，一人扶之，安足其上，急束绳索，仍用棍一具，交足之左，使受刑者不能移动。又用一根长六七尺、围四寸以上的大杠，从右边猛力敲足胫，使足流血洒地……

这几种刑具，是中国古代刑法中最基本的，看来简单，但用起来极苦，如明人所说：“棍则痛入心脾，每一下着骨，便神魂飞越矣！”燕客《天人合征纪实》叙杨涟、魏大中等“六君子”在狱中受“棍刑”，毒打30棍，股肉就已经腐烂了，只得用帛急忙缠上。

尤其是“受全刑”，即械、镣、棍、拶、夹棍等刑具同时上，被《明史·刑法志三》称为：“五毒备具，呼暴声沸然，血肉溃烂，宛转求死不得。”以致在明代，许多来到中国的外国人，给他们感触最深的就是这几种刑具和酷刑：

阿里·阿克巴尔《中国纪行》说中国犯人在监狱中：戴着镣铐和链子，固定在铁桩上，头发也被拴在铁钉上。即使这样还不让他们自在，他们的脚被板夹住，背上和胸上缠着100码长的链子和刑具，恐怕要压断了肋骨。

戴着镣铐和链子的犯人，被强力推进高度只有一臂长、三角形的又小又窄的笼子里时，“为了关上笼子把他的头压低到和四肢挤在一起，好像没有骨头的一堆肉塞在笼子里，打开笼子后，这个人戴着链子和镣铐被拉上来时，使我们吓掉了魂”。

克路士《中国志》这样说道：犯人“把指头放在棍里，然后使劲拉绳子使骨头嘎扎作响”，“足刑很厉害和痛苦，刑具是两块方木条，约四拃长，一边用一根铰链连接。他们拿绳系在另一侧，足踝夹在中间。他们用槌子打木条头”。

拉达《记大明的中国事情》记载：

官员一声吆喝，五六名刽子手就扑向可怜的犯人，马上把他按到地上，扒掉他的裤子。他这样面朝下爬着，一名刽子手紧紧按住他的脚，另一个按头，再一个高举上述的竹板或棍子，使劲打他大腿后的肉，直打到叫住手为止。他们每打五下，便转过身子好打另一边。这时候，另一名刽子手跪着大声报打的次数，那简直太野蛮，挨过六十下的人难逃一死。

这三位外国人看到的只不过是明代最最普通的刑法，但已使人真切感到其刑的残酷了！这些酷刑一般来讲，主要是对下层官吏和平民施行的，特别是对那些“犯上作乱”者。清嘉庆八年（1803），因刺嘉庆而被当场捉住的内务府厨役陈德，在审讯时就已经是彻夜熬问，拧耳跪炼，掌嘴板责，刑夹押棍……经嘉庆亲审，陈德被处以“凌迟”。据燕北老人《清代十三朝宫闱秘史》载：

执行时，从陈德的耳、鼻、乳割起，左右臂上碎割，成鱼鳞形状。然后再右臂，再胸和背。一开始还见血，过一会儿血流尽了，只流黄水。当割完上身时，陈德忽然张开眼睛叫道：“快些。”监刑者却说：“上有旨，令尔多受些罪。”仍慢慢碎剐陈德！

以仁义自我标榜的嘉庆，对“大逆不道”者是从不心慈手软的，对陈德的“凌迟”，充分暴露了统治者对反抗者所能够采取的极端的报复手段。可是把所有的酷刑，都用“阶级斗争与压迫”来概括，是有失偏颇的。

因为像晋灵公从台上弹人，观其避丸巢；李元吉当街而射，观人避箭；妲己置虿盆，观其楚毒以为乐；齐后主置蝎浴斛，令人裸浴，观其叫号则大喜……这些并没有直接刑事缘由的酷虐之刑，并不是阶级的、政治的影响，而是一种野蛮的文化观念的表示。《通典》记录北齐时对滥劣秀才饮一斗墨水的惩罚，就很能说明这个问题。

明代小说《封神演义》描绘了所谓的“炮烙”：“约高二丈，圆八尺，上、中、下用三火门，将铜造成，如铜柱一般，里边用炭火烧红”，人被剥去衣服，“将铁索缠身，裹围铜柱之上，只炮烙四肢筋骨，不须臾，烟尽骨消，尽成灰烬”。但此酷刑并非用于反抗的平民，而是对付臣僚。

徐学聚《国朝典汇》说嘉靖年间朱观熄淫戏无度，常使男女裸体群浴，无复人礼，“左右有阴议及色忤者”，他就加用“炮烙”。这表现了一种残忍的文化心态。而东林党人左光斗，也受“炮烙”，顾公燮《消夏闲记摘抄》

《大清刑律图说》所绘酷刑场面

说他“面额焦烂不可辨，左膝以下，筋骨尽脱矣”。这却是阶级内部不同政治派别的斗争所造成的。

所以，对酷刑要具体分析。而且，酷刑也不是单纯为摧残皮肉而设，酷刑施行的主要目的是警告，是示法。《草木子余录》记述朱元璋严于吏治，“凡守令贪酷者，许民赴京陈诉。赃至六十两以上者，枭首示众，仍剥皮实草。府州县衙之左，特立一庙，以祀土地，为剥皮之场，名曰皮场庙。官府公座旁，各悬一剥皮实草之袋，使之触目惊心”。

这一惨无人道的酷刑，从本质上讲是统治者企图以残忍手段奴役下属的意识的投影，但它冠冕堂皇地归入了法制的轨道之中，这在客观上对贪污受贿的官员还是有很大的震慑作用的，就像历史学家分析的那样：明初吏治之所以较好，这与朱元璋常用、大用酷刑，或许有一定的关系。

为了使更多的人服服帖帖，古代统治者将酷刑的主要目标定在平民百

《点石斋画报·研讯盗案》所绘酷刑场面

姓身上，这一现象在清代尤为突出。张集馨《道咸宦海见闻录》，真实地记述了道光年间四川的酷刑：监狱里的犯人，有的装入笼内，一日而毙，有的则用锅煮，“惨酷不可言状”。如捉到造反的“啯匪”，不问真伪，先打400小板，还有重打二三千小板再讯供，罪名莫定，就在大堂上打死，脑裂骨折……

由于酷刑滥施，甚至错捉入狱的人，也往往被屈打成招。清代刘省三所写的公案小说集《跻春台》，其中有一篇《双冤报》，就描述了王氏和魏有仁这对男女表亲，在酷刑下被迫屈招的情形：

> 钉竹签十指鲜血喷，痛得奴死去又还魂。不招供太爷刑法狠，招得来又辱了先灵。……不得已把供来招认……
>
> 这一阵夹得魂飞尽，痛得我屎尿一齐倾。想不招表嫂已招认，要辩脱除非问阎君。因奸淫谋毒表弟，大老爷施恩快松刑。

清代的官吏还挖空心思，不断在刑具上“推陈出新”。李伯元所写的《活地狱》，就较典型地反映出了由于刑具的厉害而造成的残酷景象：例如，“一双铁鞋，放在火里烧红，着在脚上，这叫‘红绣鞋’”。其实这是明代天启年间魏忠贤的义子许显纯发明的“红绣鞋”的延续。

还有“过山龙”，“是叫锡匠打一个弯曲的管子，扯直了要够二丈多长，把犯人赤剥了，用管子浑身上下盘了起来，除掉心口及下部两处。锡管子上边开一个大口，下边开一个小口，用百沸的滚水，从这头浇进去，周流满身，从那头淌出去。这个开水，却不可间断”。

这与谢肇淛《文海披沙》所说的万历时福建某官府中盘在犯人腰间的“锡蛇”是一样的。审讯犯人时往“锡蛇”的空心里灌开水，犯人受不住烫，只好屈招……相形之下，清代“过山龙”要比明代的“锡蛇”更残酷，这是一个总的趋势。

再如行刑时最常用的板子。《活地狱》中已出现了铁板子，用它打人，“打上十几板子，大腿上的肉都会一片片地飞起来，连肉带血飞得满处都是。等到打至十几下，肉已飞完，便露出骨头。他此时便吩咐掌刑的，不要拿板子平打，却用板子横在大腿上乱敲，砍的骨头壳壳的响。有的还将骨头打开，骨髓标出来好几尺远……”

通过打板子这一在古代最为常见的刑罚，人们看到的是残酷！这也正是李伯元创作《活地狱》的用意，旨在揭露清代官府衙门像地狱一样……

# 俗雅之间

文学艺术——社会生活的独特视角，与广阔繁复、饶有兴味的民风民情融合，汇成了中华文化的奇葩。

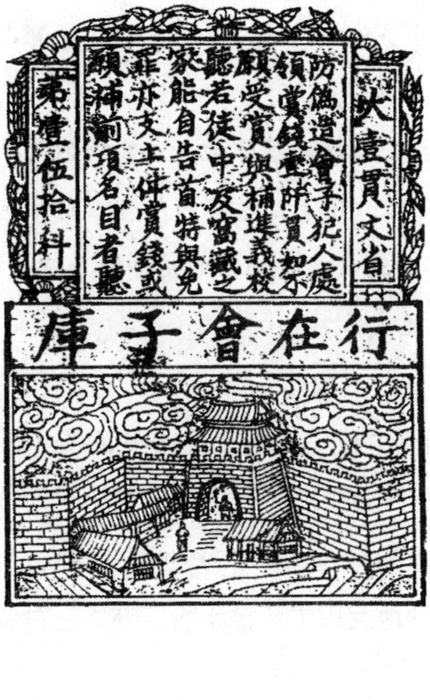

# 批判金钱的文学



一提起批判金钱的文学，人们往往提及莎士比亚《雅典的泰门》中泰门那段精彩的独白。其实，在中国历史上早就有过类似的文学作品。元代的戏剧中就曾出现无名氏所作的《庞居士误放来生债》，剧中庞居士所发对金钱的批判之声，绝不亚于泰门对金钱的斥责之音：

［寄生草］富极是招灾本，财多是惹祸因。如今人恨不的那银窟笼里守定银堆儿盹，恨不的那钱眼孔里铸造下行钱印。（做合掌科云）南无阿弥陀佛。（唱）争如我向禅榻上便参破禅机闷，近新来打折了郭况铸钱炉，这些时厮捋碎了鲁褒的这钱神论。

［六么序］这钱啊无过的是乾坤象，熔铸的字体匀。这钱啊何足云云，这钱啊使作的仁者无仁，思者无思，费千百才买的居邻。这钱啊动佳人有意郎君俊，糊突尽九烈之真。这钱啊将嫡亲的昆仲绝了情分，这钱啊也买不的山丘零落，养不的画屋生春。

庞居士用犀利的笔，深深地剖析了金钱的危害，使我们从中窥见了元代社会拜金风气的浓烈，由此而产生出批判金钱的戏剧。可以说自古代城市商品经济发展以来，批判金钱的文学就逐渐生成，从来也没有间断过。较早的如唐代张说所写的《钱本草》，巧妙地运用了药物比喻，亦不乏对金

明刊本《紫钗记》第三十一折《撒钱》



钱的批判：

钱，味甘，大热，有毒。偏能驻颜，采泽流润，善疗饥，解困厄之患立验。

贪者服之，以均平为良；如不均平，则冷热相激，令人霍乱。

其药采无时，采之非理则伤神。

此既流行，能召神灵，通鬼气。

若服之非理，则弱志伤神。切须忌之。

这篇短短的《钱本草》，在批判金钱的文学之林中显得别有风姿，这或许给后世以启发。在宋代，罗点《武陵闻见录》曾有《在钱眼内坐》一文，说的是南宋绍兴年间，内宴时，一优人用一铜钱方孔窥人，看至张俊时，讽刺他“只见张郡王在钱眼内坐”，引得人们大笑。这种对金钱的批判，是很别出心裁的。

进入明代，商品经济的大潮已猛烈地冲击着社会的每个角落，所谓“伦教荡然，纲常已矣”、“上下相争，唯利是闻”的现象，随处可见。对金钱疯狂追逐，使很多人没入了利己的冰水之中。就在此时，一大批文学艺术家投入到了对金钱的批判讨伐之中。像那位以研究音律而名噪一时的太子朱载堉，也写下了一系列批判金钱的散曲，如《骂钱》：

> 孔圣人怒气冲，骂钱财：狗畜生！朝廷王法被你弄，纲常伦理被你坏，杀人仗你不偿命，有理事儿你反复，无理词讼赢上风。俱是你钱财当年，令吾门弟子受你压伏，忠良贤才没你不用。财帛神道当道，任你们胡行，公道事儿你灭净。思想起，把钱财刀剁、斧砍、油煎、笼蒸！

朱载堉又用另一种较细微的笔调，从另一个角度对人们盲目崇尚金钱进行了揭露，进而达到批判的目的。如《钱是好汉》：

> 世间人睁眼观见，论英雄钱是好汉。有了他诸般趁意，没了他寸步也难。拐子有钱，走歪步合款。哑巴有钱，打手势好看。如今人敬的是有钱，蒯文通无钱也说不过潼关。实言，人为铜钱，游遍世间。实言，求人一文，跟后擦前。

又如《叹人敬富》：

> 劝人没钱休投亲，若去投亲贱了身。一般都是人情理，主人偏存

两样心。年纪不论大与小，衣衫整齐便为尊。恐君不信席前看，酒来先敬有钱人。

在散曲创作上，朱载堉脱尽了太子庄严的身份，言辞尖刻，对金钱的负面效应大力鞭挞，加之曲意通俗，一时间在河南、山西等许多地区广泛流传，深受人民的喜爱，对当时泛滥的“金钱潮”形成了有力的冲击。

清代的文学家们，继承了明代散曲的这一传统，对金钱的分析、批判，更全面，也更猛烈。像明末清初的徐石麒所作的一组《钱难自度曲》，就是这样的代表之作。其中有对因无钱而遭受困难境遇者的描述：

钓鱼竿

穷秀才夜拥着妻儿坐，眼睁睁只一口气儿啊。米星儿没一颗，菜头儿无一个。闲放着碗大的锅，经年价不举火。空抱着几本文章做甚么！想得脸皮黄，念得舌头破。我笑他，没我来也难得活。

催花鼓

一家儿过活，富贵的如何？有我时骨肉团圆，没我时东西散伙；有我时醉膏粱，没我时担饥饿；有我时曳轻裘，没我时鹑衣破；有我时坐高堂，没我时茅檐下卧。这壁厢妖童季女拥笙歌，那壁厢凄风苦雨人一个。要我来不要我？

这组曲中还有对金钱直截了当的控诉：

大旗风

呀！您硬牙根连说伎俩多，我屈指数出你罪名儿大。为甚么父子们平白地起风波？为甚么兄弟们顷刻间成水火？为甚么朋友们陡的动干戈？见只见贪赃的欺了君父，爱小的灭了公婆。下多少钻谋，添多少絮聒。直吵得六亲无可靠，九族不相和，您罪也如何？

空闺怨

我若是从你门前过，你便也活泼；我若是在你家中坐，你便也安乐。到头来那个勘得破？漫道是愁多闷多，一家儿恨他怨他！则问你好么歹么？真实的因何为何？算来时只少俺其中这！



这组曲也描述了挣脱金钱束缚的舒畅：

北双调　新香过

仰天拍手笑呵呵，恁机关这番识破。不与你掂斤播两，不与你说少论多，大踏步直跳出地网天罗。解裙腰放肚皮，岸巾帻横眉角，从今后快活快活！

嘉庆年间的沈逢吉在小令《南商调·黄莺儿·咏钱》中，则对人们日常所用的铜钱的“坏处”，一一道来，警示世人：

最好是铜钱。有了钱，百事全，时来铁也生光艳。亲族尽欢颜，奴婢进谀言，小孩儿也把铜钱骗。满堂前，家人骨肉，不过为铜钱。

莫要说铜钱。说起钱，便无缘，亲朋为此伤情面。争什么家园？夺什么房田？叹恩仇总是铜钱变！更堪怜，沿门求乞，也为一铜钱。

偏要说铜钱。有了钱，通上天，吕仙曾把黄金点。起课怕无钱，推磨鬼来牵，那鬼神尚把铜钱恋。刘海蟾，欢天喜地，因为有铜钱。

莫再说铜钱。说起钱，实可怜，十年几度沧桑变。赚不尽的钱，过得完的年，着财奴钻进铜钱眼。乱山前，纸灰飞蝶，可再要铜钱？

散曲虽然也有曲牌、曲律，但其创作却可以增添衬字，甚至加句、减句，而且几乎无语不可入曲，俚语、俗话、村语、民谣等都在散曲中得到融合，本色、自然、通俗，宜于歌唱是散曲的主要特色，这就使散曲更接近下层民众，更加自由化。明清的文学家便是敏锐地抓住了这一点，在这一人民喜闻乐见的散曲天地里，任意驰骋，嬉笑怒骂，将金钱的危害批判得淋漓尽致。

特别值得注意的是，在嘉庆末年，由四川总督蒋攸铦主持印制了《总督部堂蒋劝民惜钱歌》，它是清代所有关于金钱的散曲中最长的一篇，多达500字，以蝇头小楷体，印在一巴掌大的"当钱壹千文"的钱票背面上。这首散曲虽然是从爱惜金钱的角度出发，但不乏批判成分，其中一段是：

> 钱，你不似明镜，不似金丹，倒有些势力威权：能使人搬天揭地，能使人平地登天；能使人顷刻为业，能使人陆地成仙；能使人到处逍遥，能使人不第为官；能使人颠倒是非，能使人痴汉作言。因此上，人人爱，个个贪；人为你昧灭天理，人为你用尽机关；人为你败坏纲常，人为你冷炭起烟；人为你忘却廉耻，人为你无故生端；人为你舍死丧命，人为你平空作颠；人为你天涯遍走，人为你昼夜不眠。钱，人人被你颠连，出言你为首，兴败你为先。成也是你，败也是你，到而今只你机关！你去我不烦，你来我不欢。免被你颠神乱志，废寝忘餐。

这真是大众化的文学样式，人人都能接受，而且这首散曲是印在人们日常生活不可缺少的钱票上的，对金钱危害的批判作用应该说是很有成效的。

明清时期对金钱的批判还不限于散曲，在通俗小说领域也是很突出的，如《杜十娘怒沉百宝箱》《韩湘子全传》等。集大成者是兰陵笑笑生的

《金瓶梅词话》，塑造了一大批形形色色为金钱生存的市井人物，尤其是第五十六回《常时节得钞傲妻儿》的一段：

常二只是不开口，任老婆骂的完了，轻轻把袖里银子摸将出来，放在桌儿上，打开瞧着道："孔方兄，孔方兄！我瞧你光闪闪响当当的无价之宝，满身通麻了，恨没口水咽你下去。你早些来时，不受这淫妇几场合气了。"那妇人明明看见包里十二三两银子一堆，喜的抢近前来，就想要在老公手里夺去。常二道："你生世要骂汉子，见了银子就来亲近哩！我明日把银子去买些衣服穿好，自去别处过活，却再不和你鬼混了。"那妇人陪着笑脸道："我的哥，端的此是那里来的？这些银子！"常二也不做声……

《金瓶梅词话》第五十六回插图：常时节得钞傲妻儿

这一段刻画，惟妙惟肖，常时节与妻子崇拜金钱的形象力透纸背，跃然纸上，不愧为古代批判金钱文学画廊中杰出的代表，它给小说创作中的人物形象刻画提供了有益的经验。清代著名的“子弟书”作者韩小窗，就撷取其中精华，创作了两回《得钞傲妻》，我们从中可以听见清代的批判金钱的文学思潮的回响：

> “想当初，丰衣足食你随着手儿转，
> 到而今，我家业萧条你改变了心。
> 有银子，居然又是个贤良妇，
> 将来无银子，依旧还是个夜叉神。
> 反反复复无定准，
> 细想来，银子原来会闹人。”
> 峙节点头长叹气，
> 把银子两锭双托掌上存。
> 瞧瞧白银看看妻子，
> 瞧瞧妻子又看看白银，
> 说：“骨肉情肠全是假，
> 夫妻恩爱更非真。
> 谁能够手内有这件东西在，
> 包管他吐气扬眉另是人。”
> 忽转念：“妻儿逼我，西门赠我，
> 他两个一个为仇，一个作恩。
> 无银子能使至亲如陌路，
> 有银子，陌路那堪作至亲。”

韩小窗续写《常时节得钞傲妻儿》，并非单纯的模仿，而是有感于他所处的社会崇尚金钱的丑恶现象比之明代更甚而进行的再创作。他自己阐述创作动机道：

小窗氏，笔端怒把雷霆震。欲唤醒，今古鸳鸯梦里人。

韩小窗的《得钞傲妻》确将“子弟书”的创作推向了一个较高的层次。

批判金钱的文学，可以成为我们观察古代社会商品发展程度的晴雨表，作为一种文学创作样式，它还可以给今天批判金钱的文学创作提供有益的借鉴，这都是十分宝贵的。

# 俗雅的借鉴

在中国文学史上，以描写社会生活著称的《水浒传》《金瓶梅》《红楼梦》，无不从民间俗文学与笔记文学等其他文学样式汲取养料来壮大自己。如人们最为熟悉的“走后门”就是这样一个例子。

最初，它起于南宋罗大经《鹤林玉露》中的《留后门》。罗大经说的是：绍兴二年（1132）冬天，刘豫进犯，赵元镇主持国务，请高宗亲征，当行至苏州，有一喻子才向赵说：“今若直前，万一蹉跌，退将安任？要须留后门，则庶几进退有据。”赵认为：这样当然好了，可如何实现这样的计划？喻子才道：

> 张枢密在福康，若除闽浙江淮宣抚使，则命到之日，便有官府军旅钱谷，彼之来路，即我之后门也。

赵大以为然，便依喻子才的建议而行动了。

罗大经对此评论道：御驾亲征，事大体重，应该进退有据。可若论兵法，则置之死地而后生，“岂预留后门哉？留后门，则士不死战矣”。一语道破了“后门”的乖巧、不正当的属性。

“后门”出现在著作家笔下，表明“后门”已成为一种广泛公认或约定俗成的社会语言现象。作为最敏感的社会神经的小说中也出现了“开后门”

一语，更加证实了在宋代“后门”的运用已相当普遍，社会政治已相当腐败。《水浒传》第七十九回就有这样一个例证：

济州一老官吏王瑾，见高太尉征剿梁山好汉不顺，便献计道：

> 贵人不必沉吟，小吏看见诏上已有活路。这个写草诏的翰林待诏，必与贵人好，先开下一个后门了。

高太尉见说大惊，问道：“你怎见得先开下后门？”王瑾禀道：

> 诏书上最要紧是中间一行，道是“除宋江卢俊义等大小人众所犯过恶，并与赦免”，这一句是囫囵话。如今开读时，却分作两句读，将“除宋江”另做一句，“卢俊义等大小人众所犯过恶，并与赦免”另做一句。赚他漏到城里，捉下为头宋江一个，把来杀了，却将他手下众人，尽数拆散，分调开去。自古道：“蛇无头而不行，鸟无翅而不飞。”但没了宋江，其余的做得甚用！此论不知太尉恩相贵意若何？

王瑾的这一个“开后门”，倘若得逞，那自然是可将宋江等人一网打尽。王瑾因此赢得了高俅的欢心，一句“开后门”，使他从一个普通小吏上升到帅府长吏，参与了机要。这反映了“后门”已在官僚阶层中运作得十分娴熟，并得到了一致的认同，甚至可以开至“圣上”。

但“后门”也并不完全是一种含意，也可以为男女偷情之隐喻。人所熟知的《水浒传》中西门庆与潘金莲勾搭成奸，就是从王婆家的“后门”开始的。在笔者的学术视野中，在宋代以前像《水浒传》中这样男女利用“后门”偷情的描写是不多见的，但“后门”自宋以后泛滥不已，几乎成为男女偷情的代名词，连民间歌谣都有了这类的语言现象，足见其影响之大。如冯梦龙《山歌》卷二《私情四句》专有一首《后门头》，直言不讳道：“结

明《新刊大字魁本全相参增奇妙注释西厢记》插图



识私情后门头”。

在宋代以后的小说、戏剧中，“后门”有时亦作“脚子门”、“角子门”，即人们通常所说的“角门”。元代杂剧《东墙记》第三段：“我试往后花园看去。呀！这角门怎生开着？”还有宋话本《万秀娘仇报山亭儿》中：“万秀娘移步出那脚子门，来后花园里。”宋话本《杨温拦路虎传》：“杨温随员外入到后地，推开一个固角子门，入去看一段空地。”最为大家熟悉的是元代王实甫的《西厢记》，张生和崔莺莺相会时，也是“开了寺里角门儿”，也就是通过“后门”见面的。

《金瓶梅》中展现“角门”之处则更多，绝大部分是借“角门”偷看男女行房中事，或西门庆与妇女勾搭成奸时借“角门”而入，如第七十八回、第八十三回等。特别是在描写潘金莲和西门庆女婿陈经济通奸时，每次都是通过“角门”接头。在这些章节里，“后门”成为作者揭露、嘲讽潘金莲淫荡的一个“道具”了。《红楼梦》亦未能脱俗：贾瑞被王熙凤设计，关在“穿堂”，“一夜几乎不曾冻死”，“好容易盼到早晨”，“幸而天气尚早，人都未起，从后门一径跑回家去”。贾瑞狼狈不堪、见不得人的形象，跃然纸上，可谓传神极了……

通过以上考释，我们可以理出一条脉络，那就是大部分的作品，其基础往往是民间生活所提供的材料，这些材料一经点化，登堂入室，又加流布，便为经典。其间借鉴点化之功是最为重要的，即便两种不同文学样式，也非常需要这一媒介。

比如，《金瓶梅》爱好者，对其书第九十回那位教头的印象是很深的，因为这位教头实际是以滑稽丑角的形象在卖艺，他是这样自我表白的：

我做教师世罕有，江湖远近扬名久。双拳打下如锤钻，两脚入来如飞走。南北两京打戏台，东西两广无敌手。分明是个铁嘴行，自家本事何曾有。少林棍，只好打田鸡；董家拳，只好吓小狗。撞对头不敢喊一声，没人处专会夸大口。骗得铜钱放不牢，一心要折章台柳。亏了北京李大郎，养我在家为契友。蘸生酱吃了半畦蒜，卷春饼咪了两担韭。小人自来生得馋，寅时吃酒直到酉。牙齿疼，把来锉一锉；肚子胀，将来扭一扭。充饥吃了三斗米饭，点心吃了七石缸酒。多亏了此人未得酬，来世做只看家狗。若有贼来掘壁洞，把他阴囊咬一口。问君何故咬他囊？动不的手来只动口！

明代戏剧《玉环记》第十四回《韦皋延宾》中也有一丑角扮武术教头，所唱与此大致相同：

［丑］我做教师真罕有，江湖远近驰名久。双拳打下如槌镇，两脚入来如飞走。南北二京打类（擂）台，东西两广无敌手。分明是个铁嘴钉，自家本事何曾有。小木棍只好打田鸡，刊（看）家拳吓小狗。撞对头不敢啐一声，没人处专会夸大口。骗得铜钱放不牢，一心要折章台柳。亏了东京张大哥，留我在家为契友。醮生酱吃了半林葱，卷

春饼吃了两林韭。小子自来生得馋，寅时吃酒吃到酉。牙齿疼把来锉一锉，肚子胀将来扭一扭。充饥吃了三斗米饭，点心吃了一大缸酒。亏了此人未得酬，来世做只看家狗。若有贼来掘地洞，把他阴囊咬一口。

《玉环记》的作者署名是杨柔胜，似是不太出名的一位剧作家，笔者查阅了多种明代史料，均未找见他的身影，所以一时很难断定是《玉环记》在前还是《金瓶梅》在前，也就是谁给予谁创作以影响，但有一点却是可以肯定的，那就是明代的小说、戏剧这两种文学样式彼此互相借鉴之处是很多的，此已成风气。

清代小说《豆棚闲话》插图

这是因为古代社会生活是非常丰富的，任何一位文学创作家都不可能穷尽所有的生活材料，所以，借鉴姊妹艺术，乃至从已有定型的俗文俚章中取材，以扩大本身的表现领域，已成为一门不可缺少的基本功。中国古代任何一部描写社会生活的长篇小说都未能例外。有许多考据家从许多著名的长篇小说寻找出借鉴的痕迹，以至这样的工作已成为一门学问。

例如，笔者发现一条这样的线索，《夷坚志》甲志卷第四《侯元功词》记载：

宋代密州侯元功，从少年时期就赶考，直到 31 岁才得到乡贡的名称。许多人因为他这么大年纪才中乡贡，对他很看不上。有一个浮浪子弟将他的形象画在风筝上，引线放之，以为嘲弄。侯元功见了不仅不恼，反而大笑，作了一首《临江仙》词，题在纸鸢上面：



未遇行藏谁肯信，如今方表名踪。无端良匠画形容。当风轻借力，一举入高空。　　才得吹嘘身渐稳，只疑远赴蟾宫。雨余时候夕阳红。几人平地上，看我碧霄中。

词言志，侯元功更加发奋读书，一举登第，五十多岁的时候，果然当上了执政。

在数百年后的清代，大观园里的薛宝钗借吟咏柳絮，也作了一首《临江仙》词：

白玉堂前春解舞，东风卷得均匀。蜂团蝶阵乱纷纷。几曾随逝水，岂必委芳尘。　　万缕千丝终不改，任他随聚随分。韶华休笑本无根。好风凭借力，送我上青云！



此词抒发薛宝钗自比春光中无根的柳絮，一有时机，便借此直上青云的胸襟，这在当时女子中是不同凡响的。

两首词虽同一词牌名，可是两种风格；两个人，一男一女，虽差距甚远，但灵气相通。一是借风筝腾空抒怀，一是借柳絮升空表志。一是公开批评浪荡子不了解他的高远志向，坦白直露；一是借景抒情，委婉曲折，显示出了女性的细腻。两首词写作手法虽不同，但确有异曲同工之妙。

现无据可考曹雪芹是否读过《夷坚志》，可是从《红楼梦》中穿插的大量酒令、灯谜、诗词来看，能否说明曹雪芹在进行《红楼梦》的创作准备时，阅读过大量的笔记小说？毫无疑问，曹雪芹是吮吸着笔记小说的精华的，《夷坚志》也许就是其中的一部吧？

在中国文学史上，俗雅之间的交融、转化是一条基本规律，俗雅之称

清改琦《红楼梦图咏》中薛宝钗画像

亦是相对而言的。如相对于文言的《夷坚志》等笔记文学,《红楼梦》可称为俗，而相对于民间说唱文学，又可称为雅了。“俗”文学常常向“雅”文学提供养料，而一旦“雅”文学形成，它又可能给“俗”文学提供创作的范例。如从清代车王府所藏“曲本子弟书”来看，几乎所有的古典名著，都有“曲本子弟书”的阐释之作，如红拂私奔、贵妃醉酒、舌战群儒、坐楼杀惜、红娘寄柬、海棠结社，这些故事均被演化成为可供演唱和欣赏的优美韵文。伍子胥、白居易、赵匡胤、崔莺莺、孙悟空这些人物形象，均由“子弟书”作者以自己的审美趣味，以通俗化的笔法，加以重新调整，再次塑造。二十八回的《全扫秦》中，岳飞英魂显灵，秦桧受尽疼痛，并被打入十八层地狱，“万载千秋人唾骂，若要翻身万万难”。这样的《全扫秦》，无疑成了另一部弘扬忠烈、抨击奸臣的范本，它是说唱“俗”文学向《说岳全传》等“雅”文学借鉴的成功之作。正是这样的俗雅之间的相互交融、转化，才使人们看到古代社会生活的多样而又多彩。

# 冰花与冰灯诗词

早在公元前135年，韩婴就写出了“雪花独六出”的诗句，这种对雪花细微的观察角度，标志着中华民族是世界上最早正确认识雪花晶体的六角对称形状的民族，从而充分显示出了中国人在自然现象审视上的早熟。

但自汉代以后，这种对冰雪独特的观察却停止不前了，只是到了宋代才又一振，在典籍中出现了对“冰花”的记录，反映出了宋代对冰的认识是具有不同寻常的审美趣味的。

沈括在被世界公认为“中世纪科学技术坐标”的《梦溪笔谈》中叙述了自己在元丰末年到秀州（今浙江嘉兴）所见到的冰花奇景：

有些屋瓦在霜后成花，像牡丹、芍药、萱草、海棠等细花，皆有枝叶，每瓦一枝，无毫发不具，就是有高超的丹青巧笔也不能画出来。要是用纸描摹下来，那等于石刻的一样。

沈括的记录，表明冰花已纳入了他的科学观察的视野，但确切地说，沈括何尝不是用一种欣赏美的心态去看待冰花现象呢？

后来，洪迈《夷坚志》中《瓦上冰花》条也有几乎相同的记录，不同的是南宋初期的秀州，知州吕彦能家厅侧有数百片瓦，为雪所压，迨雪消冰澌，皆结成楼观、栏槛、车马、人物，并带芙蓉、重台牡丹、长春萱草及万岁藤之类的花卉植物，妙华精巧，经日不融。吕彦能便命儿子吕述卿用墨拓印十余本，用以观摩。

明《词林逸响》中塑雪狮图

从自然天成的冰花欣赏出一番景象，这是一种相当高的审美能力。宋代以前却并非如此，据马端临《文献通考》云：唐昭宗时，在沧州城堑中，就有冰纹如画，大树如芳敷，可当时的人却认为这是“华孽”，当有兵难。

到了宋代，人们对冰花的态度为之一变，像吕彦能将冰霜之花描摹欣赏者，不乏其人。宋敏求《春明退朝录》曾述：北宋王子融侍郎回山东故里，时值严冬浓霜，有一官员家屋瓦皆成百花形状，他就摹下，作为画幅珍藏。

更为奇绝的，何薳《春渚纪闻》载：

余杭的万廷之，他有一洗脸用的瓦盆，时当凝寒，还有余水留在盆中，冻结成了冰，形如一枝桃花，观者以为巧合。可第二天再用，则又成一双头牡丹，次日又成寒林满盆，水村竹屋，断鸿翘鹭，宛如图画近景。万廷之自后便用白金把这瓦盆包护起来，每逢严寒，便设宴约客，来欣赏这未曾有一同样的冰花。记录此事的何薳说他曾亲临此间观看过。

洪迈在《夷坚志》中《锡盆冰花》条也介绍道：

绍兴六年十二月十五日，一官员生辰之日，家里常用大锡盆倾水未尽，盆内结成冰像雕镂似的。细看，一寿星坐磐石上，长松覆盖，一龟一鹤，分立左右，宛如画图。招画工描绘，由于画工居远，赶来时，冰画已消。但自此无日不融结，佳花美木，长林远景，千情万态，一直到了春暄才停止。

说穿了，这只不过是大自然的一种变化现象，可宋人却独具慧眼，从冰花发现了一个神奇的花草、人物世界，这是由于他们用自己的文化修养为冰的自然形态的变化增添了文化韵味。这与整个宋代洋溢着被海内外史家所称的欧洲“文艺复兴式”的那种天才创造的文化氛围是有直接关系的。

笔者认为，这种不满足于对雪花的六角形状的发现和讴歌，而转为对冰的花纹的升华和创意，是和宋代瓷器新样式的烧造有着某种微妙的关联的：

像被尊为国之瑰宝的南宋“官窑盘”，外壁呈稀疏、淡雅的大“开片”，盘里满布叠层重叠的小“开片”，里外大小“开片”，纹络纵横，渗透在青釉中，显得透亮晶莹，好似寒冬凝结的江面河床之上那变幻万千的碎纹冰片……

这种由于冷却时收缩速度不同而烧造出千姿百态冰裂纹的“开片”，竟成了宋代瓷器中崇尚和追求的装饰手法。正如有一陶瓷研究家所说的：中国陶瓷科学美追踪的目标就是四个字“自然天成”。素朴无饰像冰花纹似的“开片”，作为美化器表的手段，在宋代堂而皇之步入艺术殿室，从而为中国单色瓷器树立了一个典范。

这一创建绝非偶然，尽管现在尚无史料证实，宋代瓷器“开片”的烧造是从宋代的冰花现象获得灵感，但有一点是可以肯定的，那就是文化现象是有联系的，瓷器“开片”的出现只能从一个大的宋代文化系统去观察，才会找到清楚的答案。

同时冰花现象也告诉我们：美，无处不在，只需你去发现，但这种对美的发现不会陡然而生，必须要有雄厚的文化修养的根基，还要有合适的浓烈的文化风云的际遇。否则，为什么冰花在宋代之前就有，却没有宋代那样美丽的发现？而在宋代，冰花却广泛被人发现，并且与瓷器烧造上十分相同的冰纹似的“开片”，引发出了独特的美的趣味……



冰灯究竟起于何时？有些人将1962年哈尔滨市一位老太太在冬天往水桶里泼水冻成一个冰砣，当成现今冰灯的开端。后有好事者以《一桶水泼出一个冰雪节》为题，大加宣扬，言之凿凿，似乎中国的冰灯自1962年才有，这位老太太似应享有冰灯的发明权。其实，这是缺乏历史知识之谈。

远的暂且不说，在清代的北京，正月的灯集于前门官府的“六部”，其中以工部的灯为最好，而最好的灯中就有冰灯。夏仁虎《旧京琐记》说这种冰灯，飞走百态，穷极工巧。酒家已用冰灯作“招牌”，如震钧《天咫偶闻》记：

> 以冰为酒瓮、瓶罂、鼎彝之属，燃灯于内，高悬四座，观者叹其绝肖。

特别是黑龙江一地，冰灯制作的技艺已很高超。道光年间在黑龙江为官的西清所作《黑龙江外记》，有冰灯的描述：

> 镂五六尺冰为寿星灯者，中燃双炬，望之如水晶人，此为难得。

依西清记述，冰灯是在元宵节“城中张灯五夜”时，与其他灯一处供人观赏，村落妇女都坐着车来观灯，“车声彻夜不绝”。这足以表明看冰灯已经成为清代黑龙江人民冬季生活中的一部分。

这种冰灯现象，并非黑龙江独有，也可以肯定地说冰灯绝不是自清代始。明代《燕都游览志》就记录了灯市上有细剪百彩浇水而成的冰灯。明人唐顺之也有《冰灯诗》可证：“烛花不碍空中影，晕气宜从月里看。”特别是在明代的南方出现了冰灯，徐渭的两首《咏冰灯》七律诗就是明证：

其　一

夜堂流影倍生妍，刻挂谁秉冻未阑。
烛晕只疑杯水抱，火齐应落数珠寒。
薄轮逼焰清难觅，满魄生花洞可看。
复道余光能照胆，却令游女怯追欢。

其　二

玉枝丛里总称妍，径尺能消几夜阑。
对日水晶谁取火，生花银烛自禁寒。
共燃始觉琉璃避，但持还将雨雹看。
无奈阳和消作日，何人筵上解悲欢。

徐渭为浙江绍兴人，生活在嘉靖中期到万历中期，在南方度过一生，按气候的历史常规推算，似不可能看到冰灯。然而，著名气象学家竺可桢经研究确认：公元 1470 年到 1520 年，是中国长江流域和欧洲一样的一个寒冷时期，徐渭恰是生在这个寒冷时期之后，即 1521 年，也就是说他所在的冬季气候已变得相对温和了。那么，何以在徐渭的《徐文长逸稿》中出现了冰灯诗？很可能是徐渭听了前辈在寒冷时期所见所闻的冰灯而写下这两首冰灯诗的。

徐渭的冰灯诗，证实了在明代的南方已有了冰灯的踪影。至清代，冰灯才有了几近今天冰灯雕塑的水平。笔者在查阅清代文献时，从《昭代丛书》中查出傅山所作的十余首《冰灯诗》，更加可以证明这一点。

在傅山的笔下，我们发现冰灯的世界是非常可观的：

银海迷离天水光，广寒宫殿斗明妆。
玉壶一点琅玕泪，滴断人间烟火肠。
凿得清光照古人，蠹编床上白磷霖。
遗忘对此频能记，不愧前贤雪月贫。

从《冰灯诗》的注释，我们还可获知，当时冰灯的制作是多种多样的，还有“盆景式冰灯”：

藉思得古怪树根，凿为盆盂搭之。村中友人言家藏柳根几块，槐杌无用，正欲烧火，许牵车取之。乃有柬友求枯树根作冰灯座。

值得欣喜的是，傅山认为数首冰灯诗，未能尽冰灯之变，所以又作了一篇《冰赋》，它与“冰灯诗”互相映照，别有一番情趣：

飞蜿蜒之银虬，宜陈之曲蜺之堂兮。照吸露之仙流，沃以白凤之膏兮。……怜凄精之高洁，学匠石之运斤。凿榧榧兮积雪，列亭亭之玉人。

从赋中可以看到当时的冰灯雕塑艺术技巧是很高的。

《冰灯诗》作者傅山的生活年代是在清初期，再参考记述乾隆史事尤详的西清的《黑龙江外记》来分析，冰灯在清代初中期就已经十分兴盛了。

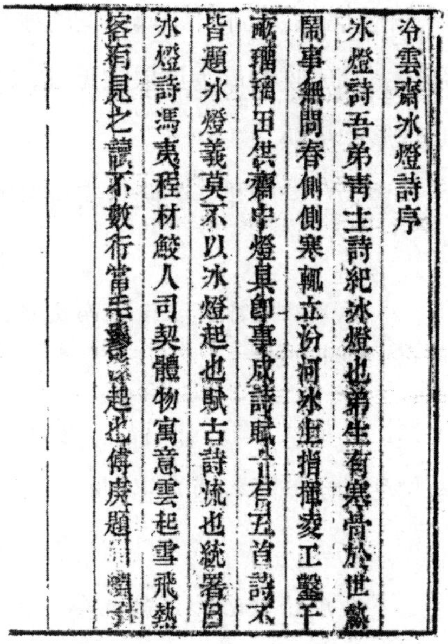
冷雲齋冰燈詩序

冰燈詩吾弟青主詩紀冰燈也弟生有寒骨於世熱鬧事無間春側側寒輒立汾河冰上指揮麦工鑿千畝稱稱田供齋中燈具即事成詩賦二十有五首詩不皆題冰燈義莫不以冰燈起也賦古詩流也統署曰冰燈詩馮夷程材鮫人司契體物寓意雲起雪飛熱客有見之讀不敢衔當毛[illegible]起也傅庚題[illegible]

《冷云斋冰灯诗序》书影

再看傅山《冰灯诗》，他所雕塑冰灯的地点是在山西境内，与西清《黑龙江外记》所述的冰灯遥遥相对，可见清代冰灯雕塑范围是很广阔的。

《冰灯诗》还为人们展示了傅山极其热爱冰灯雕塑的形象。据《冷云斋冰灯诗序》：这位喜欢冰灯的傅山，“生有寒骨，于世热闹事无问”，每到寒冬，则立于汾河冰上，指挥民工凿出达千亩面积的冰块，来做冰灯。

这表明了当时的人们已养成了看冰灯的习惯，至少傅山是这样的：他将冰散陈于天井，待“深夜白来，莹涵窗纸。森森送碎音，轻净疑雪。披衣问之，正月与晋冰斗光耳。静对霜更赠答万状，竟不能为之剖胜负也，赋得冰灯月下看”。

这是一幅多么有意境的“赏冰图”，应该说傅山的《冰灯诗》承明代徐渭冰灯诗余韵，发出了更加动人的吟唱，它和徐渭的冰灯诗一样，可称得上是中国文学中较为罕见之作。因为在笔者的学术视野中，所见古代文人用诗的形式歌咏冰灯，属徐渭的冰灯诗难得，可作为公元1470年到1520年那段寒冷气候的最为形象的见证；属傅山冰灯诗数量多，可当作清代冰灯长足进展的反映。

更为难得的是，乾隆也有御制的《冰灯联句》诗，他在诗序中说：

> 片片鲛冰，吐清辉而交璧月；行行龙烛，腾宝焰而灿珠杓。

概括出了清代冰灯的面貌，十分传神。更别致的是，在繁多的清词创作中，有位活动于乾隆、道光年间的方履篯，还专为冰灯作了首《瑶华词》：

> 瑶轮破浴，泾映铜华，怎飞来蛾绿。兰膏皑皑，浑来信，短梦琼楼生粟。罗帏对影，又斜逗，寒芝如玉。试问他内热三分，谁咏挂帘银竹。　　青蛾镂雪归时，纵逼近黄昏，犹照心曲。明波助怨，应重见，并蒂芙蓉凝馥。东风旧信，漫催得，试灯期促。是碧缸为借头衔，替剪护花轻縠。

方履篯的冰灯词，是对明清冰灯诗的一种有益的补充，它显示了一种独特的冰灯审美观念在清代已经成熟，也将长久地保存在古代冰雪文化的宝库中。

# 三版后记

拙作《古代中国闲情琐记》，最初由中国社会出版社，以《古代中国札记》之名印行。据我得到这本书不完全的讯息，其发行量还算“尚可”水平：1999年1月第1版，同年11月第2次印刷，2005年1月第3次印刷。

因我与中国社会出版社合同到期，中华书局接手将此书再版，并将《古代中国札记》改名为《到古代中国去旅行》（我在中国社会出版社出版的《宋代市民生活》改名为《行走在宋代的城市》，也同期在中华书局再版发行）。这两本书2005年1月出版发行，同年3月第2次印刷。我说这些并非多余的话，乃是想借此证实拙作还有一定价值，值得一读。现中国工人出版社所出版《古代中国闲情琐记》是为第三版，更加证实了这一点。

需要说明的是，本书名虽为“闲情”，但并非“闲情”，只不过想从轻松切入罢了。其主要成分还是以学术眼光看待古代中国的某些现象和问题，如相声之源、象声之探讨，暖水瓶、船坞、烟火，又涉及专门科学技术，如此等等。

总之，文章的起点多从文化史角度，以为笔者的古典文学研究取一“参照系数”，而其核心无一不是以最基础的文学历史文献而生发。从目前拙著出版状况来看，这一目标已有所达到。这更激发了我在日后继续这项工作的信心。

伊永文　于2018年哈尔滨之夏

# 二版后记

收入这个集子里的文章，是在文学与社会生活这一思想认识下陆续写成的，它包括这样几个方面：一、技艺；二、中外文化交流；三、商业；四、民俗；五、科学技术；六、北方少数民族；七、饮食；八、官僚政治；九、刑法；十、文学艺术。

表面看来，这些方面的问题似多与古典文学研究无大关系，然而它们均是在研究古典文学过程中派生出来的，我的研究使我认为：古典文学是过往的古代社会生活的反映，它应该容纳十分丰富的社会现象和问题；换言之，倘不能够从多视角对古典文学研究进行比照分析，也是很难揭示古典文学的本质的。所以，走出古典文学研究的领域，面向其他学科，并与之交融、渗透、交叉，这是一项非常有意义的工作。笔者愿意为这样的“打通”而努力。

本书的文章，目的就在于此。如《李开先与笑话》，实则探讨相声起源，而相声则是城市文学重要的样式。《迎神赛会》是为研究宋、明两代通俗文学何以兴旺而作的线索追寻。《辽金食俗》则是从另一方面证实辽金少数民族是如何模仿、吸取汉民族先进文化，以此而转于辽金文学与宋文学，其理一致。《“叶子戏”的演变》是为水浒文学的流传找一有力的支持与旁证，而《宋元玩具》则又是宋以来文学中不断出现的社会场景，将有助于对市民文学的认识。《烟火略谈》出于李约瑟先生提示而考据，以此文而证《金瓶梅》中描写烟火之盛不虚……



为了使这些问题逐一在读者面前清晰起来，笔者选择了以图来印证论述的学术问题，配图来自明《三才图会》、清《点石斋画报》《吴友如画宝》《金陵古版画》《中国古代插图精选》《中国美术全集》(明代卷、清代卷、版画卷、民间年画卷)、《清代宫廷绘画》《中国古典文学版画选集》等古代的主要是明清时期的图画，不存在著作权争议问题。

为了使拙著增强可读性，笔者除几篇考证文字略为谨严些，其余问题行文均采取散文漫谈方式，但这并不等于说这些文章不重学术性，书中文章均经过缜密的思考，史料均经过选择，只不过为了寻求一种可以使人比较容易接受感染的“路数”，将那些经过咀嚼的“原材料”加以变化罢了。

伊永文　2004 年 8 月于黑龙江大学文学院

中国古代文学研究中心

# 初版后记

这本小书，记录了我自1989年以来正式开始学术研究之余，所进行的一些“业余性”的探讨的庞杂的足迹，其范畴包括：中国古典笔记小说研究、宋元明清饮食史、北方民族文化专题、中国科学技术考证、宋代城市生活、技艺研究。因涉及较宽，类似中型的学术文章的汇集，故将此书定名为《古代中国札记》。

书中文字，大多数发表于中央级报纸杂志，或海外报刊和国际会议上，如《中国科技史料》《光明日报》《中国文化研究》、韩国高丽大学《中国学论丛》、世界第五届跨文化交际国际研讨会，等等。

为了使这些专业性的学术研究通俗化，我对这些文字作了删削集中，修改润色，特别是某些专业性较强的文章，如《最早的暖水瓶》，尽可能使非专业人士也能读懂。有的问题因条件所限，权作抛砖引玉，如书中所提及的今日风行的高尔夫球，源头即元代“捶丸”等，未知如此合乎读者口味否?

我的本业是专治中国古典笔记小说。也许我所涉及的这些领域，在某些人看来是“不务正业”。但我不后悔，我所作的这些跨学科的粗浅探讨，正是为了适应各种专业互相渗透，日益纷繁的时代大势。而且，这些研究使我坚信：过往的历史和文学，在很大程度上需经互相证明，才能清晰起来。

书中所显示的学术范畴，正是笔者这一主张的实践。当然，由于是札记，难免遗漏和不足，我在此伫立侧耳，希望听到来自读者的议论声，以便今后拾遗补阙，将这个题目作得更好……

伊永文　1998年于黑龙江社科院文学所

**图书在版编目（CIP）数据**

古代中国闲情琐记／伊永文著. —北京：中国工人出版社，2018.8
ISBN 978-7-5008-7045-6

Ⅰ.①古…　Ⅱ.①伊…　Ⅲ.①中国历史—古代史—通俗读物　Ⅳ.①K220.9

中国版本图书馆CIP数据核字（2018）第187082号

古代中国闲情琐记

**出 版 人**　王娇萍
**责任编辑**　傅　娉
**责任校对**　董春娜
**责任印制**　黄　丽
**出版发行**　中国工人出版社
**地　　址**　北京市东城区鼓楼外大街45号　邮编：100120
**网　　址**　http://www.wp-china.com
**电　　话**　（010）62005043（总编室）　（010）62005039（出版物流部）
（010）62379038（社科文艺分社）
**发行热线**　（010）62005049　（010）62005042（传真）
**经　　销**　各地书店
**印　　刷**　天津嘉恒印务有限公司
**开　　本**　710毫米×1000毫米　1/16
**印　　张**　19
**字　　数**　250千字
**版　　次**　2018年10月第1版　2021年4月第2次印刷
**定　　价**　48.00元